JN436870

책의 길, 영광의 길

범우 윤형두 문집 · 별책 Ⅵ

책의 길, 영광의 길

정정호 외 85인

범우사

책머리에

바다와 산의 대화적 상상력

정정호

(문학비평가, 중앙대 명예교수)

공자께서 말씀하셨다.

"슬기로운 사람은 물을 좋아하고 인仁한 사람은 산을 좋아한다.

슬기로운 사람은 물같이 움직이고 인한 사람은 산같이 고요하다.

슬기로운 사람은 즐거워하고 인한 사람은 장수한다."

—〈옹야편〉, 《논어》

바다에 서약하니 물고기와 용이 감동하고

산에 맹세하니 초목이 안다.

— 이순신, 〈진중음陳中吟〉

나는 바다를 무척 좋아했다.

그러나 오십을 넘으면서부터 바다와 같은 격랑의 감정은 차차 사라지고

산과 같은 부동과 침묵의 세계가 나에게 다가왔다.

바다는 생동감 넘치는 파도의 세계라면
산은 움직이지 않아 죽어있는 것 같으면서도 살아 있는 침묵이다.
— 윤형두, 〈아버지의 산, 어머니의 바다〉

시작하며 — '수난 시대'의 '역사적 인간' 범우 윤형두

수필가 범우汎友 윤형두尹炯斗는 어려서부터 책을 사랑하고 책 읽기를 좋아했다. 그는 1966년 범우사를 창업한 이래 현대 한국 출판계에 지금까지 타의 추종을 불허하는 거목巨木이 되었다. 윤형두는 고등학교 때 문예부장을 거치며 1972년 수필로 등단한 후 지난 50년간 20여 권의 수필집을 꾸준히 상재한 보기 드문 전업 수필가이다. 윤형두는 1935년 일본에서 태어나 유년기를 일제강점기에 보내다가 해방을 맞아 좌우 이념의 혼란기였던 해방공간을 지냈다. 소년기에 민족상잔의 최대 비극이었던 6·25전쟁을 겪고 청년기에 자유당 독재 시기를 보냈고 군사 유신 독재에 저항하다 감옥에 갇히기도 했다. 수필가 윤형두는 어느 누구보다도 한국 근대사를 치열하게 살아낸 "역사적 인간"이다.

윤형두는 1972년에 수필 〈콩과 액운〉으로 《수필문학》에서 등단하였다. 이 수필은 그의 대표작이기도 하다. 여기서 액운厄運은 모질고 사나운 운수라는 뜻이다. 이 수필은 범우 선생의 삶과 문학(수필)을 여는 열쇠가 될 수 있다. 이 글에서 윤형두는 감옥의 식구통으로 들어오는 '콩깻묵밥', '도레미파탕(콩나물국)', '콩밥'을 소개한다. 이 3가지 콩 음식을 자기 삶의 상징물로 제시한다. 이 3가지는 시대별로 자신이 겪은 불행한 운명과 연계시키는 일종의 '객관적 상관물'로 그것은 객관적 사물을 통해 독자에게 어떤 특정한 감정을 촉발시키는 문학적 기법이다. '콩깻묵밥'은 일제강점기 말년의 억압과 차별과 1945년 해방 직후의 가난을 표상한다. '도레미파탕'은 1950년대 말 출구

없는 자유당 말기 군대에 억압된 생활을 나타낸다. 끝으로 '콩밥'은 1970년대 반유신독재 투쟁과 회환의 형무소 생활에 대한 증거이다. 윤형두는 자신이 겪은 각 시대를 '수난'으로 규정하고 '콩'으로 자신이 시대별로 겪은 액운을 연결하고 있다.

바닷가에서 출생하고 어린 시절을 보낸 윤형두는 바다 소년이었다. 그는 수필 〈콩과 액운〉 발표 이후 20년이 지난 1992년에 발표한 〈아버지의 산, 어머니의 바다〉에서 바다의 삶을 살았던 자신의 삶에서 이제는 산의 삶을 말하기 시작하였다. 1995년 윤형두의 회갑 기념으로 출간한 자전적 에세이집 제목도 이것으로 정했다. 그의 말을 직접 들어보자.

> 나는 바다와 같은 어머니로부터 태어나서 산과 같은 아버지의 곁으로 돌아갈 것이라는 생각을 가끔 하게 된다. (…) 나는 바다를 무척 좋아했다. (…) 이제 산의 지혜를 배울 때가 된 것 같다. 침묵하면서도 삼라만상을 포용하는 장엄한 그 뜻을 알아야겠다. 산과 같은 아버지, 바다와 같은 어머니. 나는 이제 산과 같은 아버지가 될 나이가 된 것 같다.

윤형두의 선언처럼 그의 수필세계는 바다의 세계에서 산의 세계로 이동한다. 그러나 여기서 바다가 완전히 배제되는 것은 아니다. 바다와 산이 대화하는 구조로 진행된다. 산과 바다를 콤파스에 비유하자면 산은 콤파스의 몸체(중심)이고 바다는 콤파스의 다리이다. 이 몸체와 다리 두 가지가 상보적 역할을 해야 콤파스의 기능은 완전해지는 것이 아닌가?

한 가지 단서가 또 있다. 윤형두는 팔순이 지난 2016년에 자신이 직접 선정한 새로운 수필집 《바다가 보이는 창》을 상재했다. 이 수필집 표지는 김우종 교수가 그렸다. 이 표지화는 윤형두의 수필세계를 제대로 드러냈다는 생각이 든다. 정면에 출렁대는 바다가 보이고 그 뒤에 육지 또는 큰 섬이 보인다. 그 앞에 큰 배가 지나간다. 또 자세히 보면 육지 위에 하얀 등대가 있다. 따라서 이 새 수필선집의 제목에 나오는 '창'은 아마도 등대의 창이리라. 이 창을 통해 밝은 빛이 나와 어두운 바닷길을 비추어준다. 이 표지화에는 바다는 어머니를, 산은 아버지를, 배는 출판(정보·지식·지혜의 통로)을 그리고 등대의 창은 윤형두의 수필을 표상하는 것이 아닐까?

이제부터 범우 선생의 수필세계로 들어가보자. 오늘 이 글은 윤형두 수필세계의 문을 열기 위한 기초 작업의 '시작'이다. 모든 시작은 이미 끝을 꿈꾸듯 이 글도 윤형두의 삶과 문학을 아우르는 그의 수필세계를 활짝 열어젖히는 계기가 되기를 기대한다.

바다와 산

윤형두는 항구에서 태어난 것을 자랑으로 여겼다. 어려서부터 선창가를 거닐고 굴뚝이 큰 화륜선火輪船을 보며 꿈을 키웠다. 그는 1975년 쓴 수필 〈망해望海〉에서 자신의 뿌리인 바나를 아래와 같이 소개하고 있다.

> 내 아버지의 고향도 바닷가다. 여수항에서 두어 시간쯤 연락선을 타고 가서 종선從船을 갈아타고 내려야 하는 돌산突山이란 섬의 신복리 작은 복골小福谷이라는 마을이 12대가 살아온 나의 고향이다.
>
> 그리고 외가도 같은 돌산 군내리 서편이라는 곳으로 해일이 일고 파도가 치면 마루 밑까지 바닷물이 밀려오는 해변가에 있었다. 큰댁은 농사와 김 양식을 하였고 외삼촌은 범선 한 척에 생활을 걸고 사셨다.

윤형두는 해방 직전 일본 항구 고베에서 가족들과 함께 귀국하여 또다시 바닷가에 살았다. 그는 바다에서 각종 헤엄치기를 익혔고 학교가 있는 뭍으로 갔다가 나룻배편이 끊기면 책 보따리를 머리에 싸매고 헤엄쳐서 집으로 돌아오기도 했다. 그뿐 아니라 그는 바다에서 모든 것을 배웠노라고 선언한다. '숨바꼭질', '보물찾기', '참을성', '노여움'도 모두 바다에서 배웠다.

어둠 속에서 밝음이 얼마나 절실한가 하는 것도 등댓불에서 배웠으며 인광燐光에 대한 이치도 바다에서 배웠다.

그리고 식물명도 해초의 이름부터 배웠으며 동물명도 생선의 이름부터 배웠다. 원대한 꿈도 바다 저 멀리 보물섬 같은 것이 있으리라는 동경에서 키웠고 내 육신의 성장도 노젓기와 고기잡이의 연속에서 자랐다.

바다는 윤형두에게 사색思索의 고향이기도 하다. 그는 도시에 살게 된 후에도 바다를 생각하면서 기억과 추억을 불러내고 여러 가지 생각에 잠긴다. 눈을 감고 고향의 바다를 생각하면 도시적 삶의 억압과 울분이 갑자기 사라지고 삶을 위한 새로운 비전과 힘이 솟아나기도 한다.

어떤 이는 현대인을 망향望鄕에 병든 무리라고 했다. 그렇다면 나는 망해에 병든 사람이 되고 싶다. 깃발을 높이 달고 오색 테이프를 휘날리며 징 치고 떠나가는 이름 없는 '나가시배(帆船)'의 화장火匠이라도 되고 싶다. 그 넓고 넓은 바다가 자유스런 나의 영역이 된다면, 나는 이 순간이라도 훨훨 춤추며 그 바다로 떠나고 싶다.

끝도 없고 가도 없는 그 검푸른 바다 가운데에 서서 나는 목청을 돋우고 못다한 절규를 하고 싶다. 만세를 부르고 싶다.

이것만이 아니다. 수필 〈망해〉와 같은 해에 쓴 〈시월의 바다〉에서 윤형두는 사계절의 변화도 바다에서 몸으로 느끼며 살았다. 봄 바다의 성난 파도는 "가라앉은 잔물결 위에 자장가처럼 내리는 가랑비의 달램으로 잠잠해"진다. 여름 바다는 "먹구름이 몰고 온 취우驟雨로 바다가 고동"치는 무더위가 오면 해수욕장은 '광란의 도시'로 변해버린다. 가을 바다는 "쓸쓸하게 한 계절을 보"내며 "벌레소리가 더욱 쓸쓸하게 들"릴 때면 "검푸른 바다 위에 떠 있는 범선의 돛이 소복한 여인의 치마폭인 양 나부낀다." 겨울 바다는 "군함 같은 파도가 기암에 부서지면서 하얀 비말飛沫"이 되어 뿌려진다. 온대지방의 사계절은 우리 삶에 영원히 반복되는 하나의 패턴으로 생명의 리듬으로 이어져 간다. 그는 삶의 이러한 기본적인 리듬을 바다에서 만들었다.

윤형두의 바다는 어려서는 "한 바가지 푹 퍼 마시고 싶은 바다"였다. 그러나 바다는 이제 오염으로 더 이상 '동심의 바다'는 아니다. 각종 쓰레기와 기름 유출 등으로 바다는 '병든 바다'로 변해버렸다. 그는 1977년에 쓴 〈병든 바다〉에서 다음과 같이 탄식하고 있다.

> 넓고 푸른 꿈을 키워주던 바다. 너와 내가 뒹굴던 바다. 한없이 너그럽게 포용해주던 바다. 그렇게도 티 없이 순수하던 바다. 이제 그 바다는 예전의 바다가 아니다. 모든 것을 빼앗겨버린 황량한 벌판. 그러나 나는 그 요람搖籃의 바다를 영원히 버릴 수는 없을 것이다.

그러나 윤형두는 비록 병든 바다가 되었어도 그 바다를 영원히 버릴 수 없다고 선언한다.

윤형두는 1976년 발표한 수필 〈산의 침묵〉에서 이미 바다와 더불어 산을 노래하기 시작했다. 그는 바다에만 매달린 것은 아니었다. 어떤 의미에서 수필가 윤형두에게 바다와 산은 결코 영원히 분리될 수 없는 것이다.

가끔 나는 산에 오른다. 태고의 정적을 맛보기 위해서다. (…) 고향 마을 뒤편에 길게 누워 있는 야트막한 산은 어린 시절 뛰어놀던 마당이요, 동산이요, 정원이었다. 솔방울 전쟁놀이도, 숨바꼭질도 그곳에서 했다. 나는 그 산의 훈기로 자란 것이다. 해풍이 몰아치는 다복솔 사이를 거닐면서 먼 나라처럼 생각되는 도시를 그렸다.

바다에서 불어오는 바람으로 꽃이 피던 산, 어느 곳 하나 인위의 손길이 닿지 않은 자연 그대로의 산, 솔바람 소리가 수평선 건너 멀리멀리 사라지던 그 고향의 산…….

윤형두는 수많은 비밀을 가지고 있는 침묵의 산에 일찍이 매력을 느낀 것 같다. 그는 등산 모임에 적극 참여하기도 하고 스스로 산행 모임을 만들기도 했다. 서울살이가 오래되자 바다가 보고 싶을 때 가끔 인천으로 가 밀물과 썰물이 분명한 서해를 보지만 여수의 고향 바다에는 도저히 미치지 못한다. 노년에 접어들자 그의 몸과 마음은 바다에서 산으로 더욱 움직이고 있다. 그러나 윤형두는 바다를 버리고 산으로 올라간 것은 아니다. 그의 영혼 속에서 영원히 움직이는 바다와 언제나 서 있는 산, 즉 동動의 미학과 정靜의 시학이 역동적인 대화적 상상력 속에서 작동되고 있다. 그 동과 정의 작동 원리는 또 다른 억압을 가져올 수 있는 정正-반反-합合의 변증법적 구조가 아니고 끊임없이 서로 끌어주며 밀어주는 치열한 대화적 과정인 것이다.

인간적 '진실'에 이르는 길

윤형두는 수필가로 2014년 제11회 순천문학상을 받았다. 그는 '수상소감'에서 인간이 가져야 할 가장 귀중한 정신적 덕목으로 '진실'을 꼽았다. 문학도 '진실을 갈망하고 추구'하기 위한 일이다. 진실의 토대를 둔 그의 수필론을 들어보자.

> 수필도 이런 지식을 담아내는 영혼의 그릇이며 현실을 토대로 과거와 미래를 거짓 없이 그려내려는 노력이 아닌가 봅니다. 살아온 삶을 돌이켜보면서 저 스스로 얼마나 거짓 없이 사람답게 살아왔는가를 회상하고 잘못을 뉘우치며 참회하는 마음으로 수필을 써왔습니다. 또한 현실을 소재로 글을 쓸 때는 현재의 나의 삶이 타인에게 누를 끼지 않고 올바른 길을 걸어가고 있는지 채근하면서 제 삶의 거울을 바라보듯이 썼습니다. (…) 자신을 연마하고 채찍질하며 가능한 한 선한 길을 걸어가게 하는 (…) 그래서 제가 쓴 글이 과연 위선이나 과장이 없는지 그리고 제가 쓴 것 같은 삶을 지금 살아가고 있는지? (…) 저는 진실을 말하고 진실을 옹호하기 위해 수필을 씁니다. 그래서 수필은 진실의 문학이라고 말하고 싶습니다.

위의 글에서 우리는 윤형두의 세계관과 인생관 그리고 문학관을 함께 알아볼 수 있다. 그가 반복해서 강조하는 것은 '진실', '거짓 없이', '타인에게 누를 끼치지 않고', '올바른', '선한 길'이다. 이러한 길은 사람다운 길이다. 그의 결론은 '수필은 진실의 문학'이라는 것이다.

이러한 문학 사상은 그가 자신의 비명碑銘에 남기고 싶은 글과도 일치한다. 그는 "여기 인간답게 살다간 한 무덤이 있다"가 비명이 되기를 바라고 있다. 그의 수필 〈비명〉을 자세히 읽어보면 그의 수필 문학의 형식과 내용이 모두 들어 있다. '인간답게'라는 말에 대해 위의 '수상소감'을 기억하며 다시 풀어보자. 윤형두에게 인간의 삶은 '진실'에 토대를 두어야 한다. 필자가 보기에 그의 인간됨의 진실은 3가지 덕목으로 요약될 수 있다.

첫째 인간다움의 덕목은 영혼의 자유이다. 그는 일제강점기에 일본에서 태어나 조센징(조선인)에 대한 극도의 종족 차별과 억압 속에 어린 시절을 보냈다. 그는 해방공간 이후 좌우 이념의 질곡에서 살았고 이승만 정권의 독재하에서 소년시대를 보냈다. 청년기에는 군사 유신독재에 필화사건으로 영어囹圄의 몸이 되기도 했다. 윤형두는 사람됨의 기본 요소로 무엇보다도 자유로운 영혼의 실존을 주장했다. 두 번째 '인간답게'의 덕목은 정의와 양심이다. 그는 인간과 문학에서 '거짓 없음'을 여러 번 강조하며 자신의 삶과 문학에 있어서도 양심과 정의를 내세웠다. 세 번째 '인간답게'의 조건은 사랑이다. 인간은 희로애락애오욕의 7가지 정情을 자유롭게 표현할 수 있어야 한다. 여기서 정은 궁극적으로 인간의 사랑이 아니겠는가?

따라서 윤형두의 수필세계는 '인간답게'라는 대명제 아래 자유, 정의, 사랑의 범주에 놓여 있다. 이러한 삼위일체의 덕목은 그의 문학에 중심적인 이미지인 바다와 산과도 깊고 넓게 연결되어 있다. 그의 수필세계에서 바다와 산은 나선형의 지속적인 반복 구조를 가진다. 위에서 아래로, 다시 아래에서 위로, 오른쪽에서 왼쪽으로, 다시 왼쪽에서 오른쪽으로, 안에서 밖으로, 다시 밖에서 안으로 나선형으로 교차되며 반복된다.

1. 자유와 자율 : "끊어진 연이 되고 싶다"

윤형두의 수필 〈연鳶처럼〉은 그의 삶과 문학을 표상하는 대표작으로 피천득 선생도 극찬한 작품이다. 그는 어린 시절부터 섬의 갯가, 공터, 모래사장, 보리밭 위에서 연을 즐겨 띄웠고 퇴김과 연싸움도 자주 했다. 퇴김이란 "연을 날릴 때, 상대편의 연을 억누르기 위하여 얼레자루를 잦히며 통줄을 주어서 연머리를 그루박게 하는 일"이다. 첫 구절을 읽어보자.

> 구봉산九鳳山 너머에서 불어오는 하늬바람을 타고 높이높이 날다 줄이 끊어진 연이 되고 싶다. 꼬리를 길게 늘어뜨린 채 갈뫼봉 너머로 날아가버린 가오리연이

되고 싶다.

바다의 해심海深을 헤엄쳐 가는 가오리처럼 현해탄을 지나, 검푸른 파도가 끝없이 펼쳐져 있는 태평양 창공을 날아가는 연이 되고 싶다.

장군도將軍島의 썰물에 밀려 아기섬 쪽으로 밀려가는 쪽배에 그림자를 늘어뜨리며 서서히 하늘 위로 흘러가는 연이 되고 싶다.

여기서 '하늬바람'은 서풍이다. '가오리 연'은 물고기인 가오리 모양으로 된 몸체와 꼬리를 길게 매달아 띄우는 연이다. 윤형두는 이 수필에서 연날리기와 연싸움에서 다양한 기술과 방식들을 사실적으로 박진감 있게 묘사하고 있다. 여기에서 연의 솟아오름은 '독수리처럼' 그리고 '제비처럼' 예리하게 그려지기도 한다. 그러면서도 기이하게 윤형두는 '줄 끊어진 연'이 되고 싶어한다. 왜 끊임없이 솟아오르며 계속 나는 연이 아니라 줄 끊어진 연이 되는 것이 '무한한 동경의 꿈'일까? 그는 "아버지를 잃은 고독과 설움을 잊을 수 있고, 가난 때문에 받은 천대와 수모를 겪지 않아도 될 그런 세계"로 날아가기 위해서는 그냥 하늘에 떠 있는 연이 아니라 줄 끊어진 연처럼 하염없이 공중에 자유롭게 떠다니는 연이 되고 싶다는 것이다.

윤형두는 반복하거니와 일제강점기의 가난과 압제를 거쳐 자유당 독재와 유신독재의 어두운 수난의 시대를 어렵게 살아낸 '역사적 인간'이다. 윤형두에게 '줄 끊어진 연'은 수난의 시대를 탈주하는 방책이다. 그는 수난과 억압 없는 완전한 자유로운 영혼을 열망하고 있다. 그의 말을 다시 들어보자.

요즘 나는 조롱鳥籠속에 갇힌 자신을 발견하기도 하고, 능력의 한계를 느끼고 자학의 술잔을 기울이기도 한다. 어릴 때의 고독과 수모, 그 무엇 하나도 털어 버리지 못한 채 더 많은 번민 속에서 살아간다.

마음이 만들어 버린 속박, 눈으론 느낄 수 없는 질시와 모멸, 예기치 못했던 이별이 나를 엄습할 때면, 나는 줄 끊어진 연이 되어 훨훨 하늘 여행이 하고파진다.

윤형두는 방향없는 '줄 끊어진 연'이 되어 광활한 하늘 공간을 그저 하염없이 떠다니고 싶을 뿐이다. 이러한 무한한 자유에 대한 갈망은 어떤 의미에서 그의 삶과 문학의 무의식을 구성하고 있다. 무의식은 우리가 의식적으로 알아차리지 못하지만 우리의 몸과 마음을 조종하고 통제하는 강력한 힘을 가지고 있다. 이것은 인간의 실존적인 자유가 교묘히 통제되는 후기 자본주의 사회에 대한 작가의 실존적 거부이며 저항이기도 하다. 주위 환경과의 상호 관계 속에서 새로운 질서를 형성하지만 모든 생명의 본질은 일단 자율성이고 자유이다. 윤형두의 '줄 끊어진 연'은 인간의 본원적인 강렬한 자유의지에 대한 객관적 상관물이다.

2. 양심과 정의 : 지조와 절개를 지키며 살자

두 번째 양심과 정의로 가보자. 윤형두는 〈회상속의 아버지〉라는 수필에서 아버지에 관한 추억을 많이 갖지 못하고 아버지가 일찍 돌아가신 것을 매우 아쉽게 여기고 있다. 아버지는 일제강점기의 일본에서나 해방직전 귀국하여서도 "왜놈들의 주구走狗가 되지 않고 옳은 일을 위해서는 조그마한 지위지만 거절할 수 있었던 아버지의 양심"을 항상 존경하였다.

나도 죽을 때까지 권력이나 명예 때문에 불의와 부정에 영합하지 않는 그런 아버지가 될 수 있을까, 비굴하고 치사스럽게라도 치부하고 향락하려는 이 크나큰 흐름 속에서 나만은 가난하고 무력하나마 돌아가신 아버님 앞에 부끄럽지 않은 아들이 될 수 있을까.

〈나의 어머니〉(1973)라는 수필에서 이야기하듯 윤형두 자신도 일본에서 살던 어린 시절 일제 황실의 조상이나 공로가 있는 사람을 신으로 모신 신사神社 지붕 위에 오줌을 싸는 방식으로 소극적이나마 저항을 했다. 범우는 1970년대 초 유신독재가 한창이던 때 '투사적 정의감' 때문에 《다리》지 편집장으로 필화사건에 연루되어 고문을 받고 감옥 생활도 하였다. 이때 사건은 수필 〈남산 지하실〉(1999)에 자세히 기록되어 있다. 25년의 세월이 흐른 뒤에 그는 남산 기슭 지금의 〈문학의 집, 서울〉이 있는 자리에 있었던 자신이 고문당했던 남산 지하실을 회고하고 있다.

> 남산 기슭에 있는 옛 중앙정보부 자리에서 그 숱한 사람들이 인간으로서는 형용할 수 없는 모진 고통을 받고 병신이 되거나 그 후유증으로 죽어간 곳이다. 그러나 아무런 일도 없었다는 듯이 폿말 하나 없이 역사의 뒤안길에 묻혀가고 있다.

윤형두는 만년에 쓴 수필 〈만절晩節〉(1995)에서 선비와 작가, 지식인들의 만년의 삶을 논하면서 한때 우리 선조들이 선비, 의사義士 그리고 독립투사로 살았으나 지금은 "지조와 절개를 지키며 살아가기란 무척 어렵다"고 전제하고 다음과 같이 말하고 있다.

> 그러나 해방 후 40여 년을 돌아볼 때 온 국민의 숭앙을 받는 정치인이나 예술가가 적다는 것은 그 많은 인재들이 현실에 영합하거나 불의에 타협했음을 여실히 보여준다고 하겠다. 그 중에서도 가장 안타까운 것은 중년까지 잘 지켜오던 지조와 절개를 만년에 가서 굽혀 버리는 사람들이 너무도 많다는 사실이다.
>
> 혼란스럽고 황폐한 시대를 살아가는 예술가, 지식인, 정치인들이 지조와 의리를 끝까지 지키며 산다는 것은 어려운 일일지도 모른다. 그러나 양심과 정의를 초

지일관으로 지킨다면 역사와 현실에 얼마나 값진 일인가?

3. 겸손과 사랑 : 책사랑은 인간사랑이다

인간다움의 마지막 덕목으로 윤형두의 사랑론을 이야기해보자. 수필 〈선사禪師의 설법說法〉(1978)에 윤형두의 사랑론이 잘 드러나 있다.

> 10여년 전에 모종의 필화사건으로 나는 감옥에 갇힌 몸이 되었다. 인간이 극한 상황에 달하면 제일 절실하게 요구되는 것은 사랑이다. 이 사랑의 갈망을 달래보려고 성서의 산상수훈山上垂訓을 하루에도 몇 번이고 되풀이 읽었다. 그러나 어느 한 인간에게 보내지는 짙은 상념은 지울 수가 없었다.

윤형두는 인간의 삶과 문학의 최고의 이상은 '사랑'임을 천명하고 있다.

감옥의 마루방에서 무릎을 꿇고 윤형두는 만해 한용운의 시집 《님의 침묵》에 실린 시 〈선사의 설법〉을 외우고 있다. 여기에 소개한다.

> 나는 선사의 설법을 들었습니다.
>
> "너는 사랑의 쇠사슬에 묶여서 고통을 받지 말고 사랑의 줄을 끊어라. 그러면 너의 마음이 즐거우리라"고 선사는 큰소리로 말하였습니다.
>
> 그 선사는 어지간히 어리석습니다.
>
> 사랑의 줄에 묶이운 것이 아프기는 아프지만, 사랑의 줄을 끊으면 죽는 것보다도 더 아픈 줄을 모르는 말입니다.
>
> 사랑의 속박은 단단히 얽어매는 것이 풀어주는 것입니다.
>
> 그러므로 대해탈大解脫은 속박에서 얻는 것입니다.

임이여. 나를 얽은 임의 사랑의 줄이 약할까봐서 나의 임을 사랑하는 줄을 곱드렸습니다.

사랑을 열망하는 괴로움에서 벗어나는 것이 '대해탈大解脫'이다. 그러나 대해탈의 경지는 보통의 사람에게는 결코 도달하기 쉬운 경지는 아니다.

윤형두는 애서가愛書家, 고서가古書家이며 '출판주의자'답게 책을 예찬하는 수필도 여러 편 썼다. 그 중에서 걸작의 하나인 〈책의 미학〉(1993)이란 수필에서 "책은 절대로 배반하지 않는 친구요, 연인이다"라고 선언한다. 그에게 책은 존재의 전부이다. 여기에서 윤형두는 책을 통해 특이한 방식으로 '사랑'이야기를 꺼낸다.

책은 지식이며 지혜다. 그 많은 인류에게 얼마나 많은 혜택을 안겨다 주었는가. 책이 없었다면 하나님도 침묵하였을 것이며, 부처님도 설법을 잃어버리고, 공자님도 가르침을 버렸을 것이다. 책이 있었기에 성경이 있었고, 성경이 있었기에 기독교가 있으며, 불경이 있었기에 불교가 있고, 논어가 있었기에 공자가 오늘날에도 인류에 회자되는 것이다. 책은 그러므로 신神이요 불佛이요 인仁이다.

윤형두는 책의 중요성을 강조하기 위해 성경, 불경, 논어를 끌어들인다. 만일 책이 없다면 어떻게 예수님, 부처님, 공자님의 위대한 가르침을 우리가 알 수 있겠는가? 이 문단의 마지막 문장에서 기독교의 신神 하나님의 사랑, 부처님의 대자대비大慈大悲 그리고 공자님의 인애仁愛를 제시한다. 결국 인류역사에서 가장 위대한 이 3대 성인의 가르침에서 공통적인 것은 바로 '사랑'이다. 사랑은 모든 율법의 완성이다. 윤형두는 어떤 특정 종교를 믿지는 않지만 3종교의 최고 가치인 사랑을 믿는 종교 다원주의자임에는 틀림없다.

인류의 최고덕목인 사랑을 가르치고 전달하는 것은 책이라는 형태와 수단이 아니고서는 결코 불가능하다. 윤형두의 책사랑은 결국 인간 사랑으로 이어지는 것이다.

마무리하며 : 바다와 산의 지속적인 대화

수필문학가로서 윤형두는 1979년에 첫 수필집 《사노라면 잊을 날이》를 출간한 이래 십수 권의 수필집을 냈다. 1991년에는 수상집 《넓고 넓은 바닷가에》로 제9회 현대 수필문학상을 받았고 1994년에 수필가로 제18회 동국문학상을 수상했다. 2014년에는 제11회 순천문학상을 받으며 수필문학가로 인정을 받고 있다. 윤형두의 수필문학세계를 다룬 논문이나 평론만 모아도 책 한권 분량이 넘는다. 오늘 여기에서는 피천득과 임헌영의 평설만 소개하기로 한다.

시인이며 수필가인 피천득은 〈찬사〉(1986)란 글에서 윤형두를 "사제지간이나 글 친구 같은 사이"라고 소개하면서 범우의 삶과 문학을 높이 평가하고 있다.

> 그의 성품은 강직하면서 온유 겸허하고, 그의 글은 윤리적 이성과 애수어린 서정을 아울러 지니고 있다. (…) 서울 그것도 종로구 수송동 골목에서 소년시절을 보낸 나는 남해 바닷가에서 자란 그를 몹시 부러워한다. 우리에게는 고향을 선택할 자유가 없다. 햇빛과 바다, 그 밖에는 그에게 가진 것이 없었을 것이다. 그러나 그는 아무도 부러워하지 않았으리라. (…) 그는 옳은 것을 지키려고 노력하며 살아가는 사람이다. (…) 그 무엇보다도 인간 윤형두가 세파에 꺾이거나 찌들지 않고 강직과 서정을 아울러 보존하며 언제나 그 소탈한 웃음을 웃는 얼굴이기 바란다.

문학평론가 임헌영은 90여 쪽에 달하는 장문의 탁월한 평론인 《고독한 독수리의 삶》(2017)이라는 제목으로 윤형두의 수필 탐구를 다음과 같이 결론 내렸다.

> 한 수필가가 이처럼 다양한 소재와 주제를 넘나들며 한 시대를 증언해준 것은 아마 윤형두가 처음일 것이다. 그 하나만으로도 윤 작가는 수필계에서 두고두고 회자될 것이다.

수필가 윤형두는 언제나 공중의 바다인 하늘 위에서 '줄 끊어진 연'처럼 지극히 자유로운 영혼으로 넓은 '바다'와 높은 '산'을 바라보면서 살고 있다. '작은 거인' 윤형두는 자신의 비명碑銘으로 "여기 인간답게 살다 간 한 무덤이 있다"를 꿈꾸며 '이미 언제나' '큰 바위 얼굴'이 된 것이 아닐까?

세상은 넓고 문인文人은 많다. 어떤 문인이건 특히 시인이나 수필가의 경우 일반 독자들이 자신의 작품에서 언뜻 생각해낼 수 있는 작품 3편만 있다면 그 문인은 일단 성공한 것이리라. 현대 시인의 경우 한용운의 〈님의 침묵〉, 김소월의 〈진달래 꽃〉 그리고 박목월의 〈나그네〉 등이 있다. 현대 수필가의 경우 이양하의 수필 〈신록예찬〉, 윤오영의 수필 〈곶감과 수필〉, 피천득의 수필 〈인연〉 등이 있다.

수필가 윤형두의 경우 대표작은 〈연처럼〉이다. 이 밖에도 〈콩과 액운〉, 〈아버지의 산 어머니의 바다〉, 〈책의 미학〉, 〈비명〉 등이 걸작이다. 이렇게 보면 윤형두는 한국 현대 수필문학사에 남아, 읽을 만하고 인용할 만하고 암송할 만한 몇 작품을 남겼다고 하겠다.

차례

창립 40주년 축하 메시지

창립 50주년 축하 메시지

"책엔 천년의 지혜 가득 스테디셀러 내는 게 신념"

서상배
(세계일보 기자)

한국 출판계 지키는 윤형두 범우사 대표

전남 여수시 돌산突山에서 연을 날리던 소년은 이제 고희古稀를 눈앞에 둔 머리 희끗한 노인이 되었다. 줄 끊어진 가오리연이 되어 창공을 훨훨 날고 싶었던 가난한 소년은 지금 출판계의 거목으로 우뚝 서 있다. 70년 질곡의 인생을 통해 책이라는 날개를 얻은 것이다.

범우사 대표 윤형두 씨. 40여 년 출판 외길의 손때가 묻어 있는 범우사에서 만난 그는 거센 파도에도 끔쩍 않는 바위처럼 보인다. 마른 얼굴과 굳게 다문 입술은 다른 길을 걷지 않고 한평생 오직 책만을 사랑하며 책을 바라보며 살아온 한 출판인의 단아한 고집이 묻어나고, 잔잔한 미소를 가진 깔끔하고 조심스러운 그의 언행에서 삶을 굽어보는 노 선비의 달관이 느껴진다. 집무실을 둘러싸고 있는 수천 권의 책 속에 파묻히면 그 같은 무게와 여유가 생기는 것일까. 한평생 책과 더불어 살아왔다는 윤형두 사장의 얼굴에는 아직도 매서운 바닷바람 속에서 먼 하늘을 향해 가오리연을 날리던 섬 소년의 생동감이 배어난다.

"70년 제 인생에서 책을 빼면 뭐가 남을까요. 제 삶은 책이 먹여 살려주었지요. 그러니 책을 위해 살아야지요. 책에는 천년의 지혜가 담겨 있습니다. 책을 읽으면서 저는 천년의 삶을 살았고, 앞으로도 천년의 미래를 내다보며 책과 더불어 살아가겠지요."

윤형두 대표가 건네는 출판론은 소박하지만 원대하다. 독서를 하지 않으면 지혜를 얻을 수 없고, 지혜가 없으면 위대한 국가를 건설할 수 없다는 것이 그의 지론이다. 국민들의 지적 수준을 높이기 위해 좋은 책을 지속적으로 공급하는 일이 중요하고, 책을 출판하는 일이야말로 나라를 바로 세우고 인류를 진보시키는 첩경이라는 말이다. 자칫 책 한 권에 무슨 국가발전이며 인류 진보냐는 핀잔이 나올 만하다. 그러나 그의 삶을 들여다보면 이 말이 결코 허황된 치장이 아님을 알 수 있다.

'서적왕'을 꿈꾸던 헌책방 점원에서부터 출판계의 거목으로 우뚝 선 오늘에 이르기까지 윤형두 대표가 오롯이 출판의 길만, 그것도 '좋은 책 만들기'를 걸어오게 된 힘은 어디에 있는 것일까. 일제 강점기 고베에서 태어나 마늘 냄새가 난다고 일본인들로부터 멸시를 받고, 해방과 함께 찾아온 여수 돌산에서 아버지의 임종을 지켜봐야 했던 섬마을 소년은 어린 시절부터 책을 좋아했다. 1948년 여순항쟁이 일어나고 좌익이니 우익이니 하며 서슬퍼렇던 시절, 어머니는 배운 놈은 다 죽는다며 '등허리에 뿔난 표 안 나는 조선소 기술자'가 되기를 바랐지만 그는 학교에 가겠다고 졸랐다. 결국 어머니로부터 나무 150짐을 해오면 보내주겠다는 약속을 받아낸 그는 다음 날 새벽부터 지게를 지고 30리 떨어진 벌거숭이 산을 오가며 하루에 나무 한 짐씩 150일을 고생한 끝에 순천농업학교에 진학했다. 이런 남다른 우직함은 그의 삶 굽이굽이에 서려 있다.

"일생을 걸 만한 일이라고 판단되면 꾸준히 그 길만 가는 거지요. 어느 길이건 어려움이 있기 마련이에요. 그때 방황하지 말고 그 길을 계속 가는 겁니다. 무엇이든 30년 이상을 꾸준히 하면 그 방면에서 일가를 이루지요."

국내 대표적인 출판사답게 범우사에서 펴낸 책은 무려 3800여 종. 숫자로는 3000만 권을 훌쩍 넘는다. 37년 전통의 범우사의 명성에 비해서는 생각보다 적다.

이는 자신이 읽지 않은 책은 결코 출간하지 않겠다는 윤 사장의 고집 탓이다. 그는 지금도 출판할 만한 책인지를 검토하느라 한 달에 10권 정도를 한정해 펴내고 있다. 범우사는 유달리 베스트셀러라고 부를 만한 대박이 없다. 법정 스님의 《무소유》(120만 부)나 피천득 선생의 《수필》(45만 부)이 그나마 많이 팔린 책에 속한다. 베스트셀러보다는 독자들로부터 꾸준히 사랑받는 스테디셀러를 만들고자 한 윤 사장의 신념이 묻어난다. 그러면서도 불황은 가장 먼저 찾아오고 호황은 가장 늦게 맞이한다는 척박한 출판계에서 37년 동안 큰 어려움 없이 '좋은 책 만들기'를 이어왔다.

격동의 세파도 윤형두 씨의 집념을 꺾지 못했다. 오히려 더욱 강인한 야인으로서 거듭 태어나게 하는 담금질일 뿐이었다. 박정희 시절 월간 《다리》지 필화사건은 그의 의지를 시험했던 단적인 예다. 그가 주간으로 있던 《다리》에 반정부 내용이 수록되어 있다는 이유로 고문을 받고 옥고를 치른 그 사건에서 윤형두 씨는 "진정으로 나라를 사랑하는 마음이라면, 질곡으로 점철된 현실에서 좀 더 나은 사회로의 발전을 위해 침묵은 미덕이 될 수 없는 것"이라며 타협을 거부한 대가로 갖은 고문을 당하고 104일 동안 옥고를 치른다. 치도곤을 당했다면서 무죄로 방면된 이후에 책동네로 다시 뛰어들었다. 책 속에 파묻혀 세상으로부터 애써 등을 돌리기보다는 책을 통해 보다 적극적으로 세상과 소통하고 대화하는 참 출판인의 전형을 보여준 것이다. 오랜 세월 그가 공을 들여온 일은 '비석' 같은 책을 찾고 만드는 일이다.

"새 책을 팔아 헌책 사느냐는 소리를 많이 듣습니다. 그러나 온고지신溫故知新이라는 말이 있듯이 옛것 속에 새로운 것이 있습니다. 옛것을 소홀히 하면 미래도 없지요."

틈만 나면 장안평, 인사동을 돌아다니며 고서를 수집하여 지금 그의 집 서재에는 5만여 권의 고서들이 차곡차곡 쌓여 있다. 또 수억 원을 들여《한국의 고지도》《진경산수화》《한국의 전적인쇄사》등 비석처럼 길이 남을 책을 만들기도 했다.

그는 유달리 친구가 많다. 범우사라는 이름도 널리[汎] 친구[友]를 구한다는 뜻이다. 전 감사원장 한승헌 변호사, 김상현 국회의원, 임헌영 문학평론가 등 사회 곳곳에서 이름은 날리는 30년 지우들이 많다. 친구가 많은 이유에 대해 윤 씨는 "부모 팔아 친구 사라"고 말씀하셨던 어머니를 떠올린다. 남쪽 땅 바닷가에서 내세울 것 하나 없는 지식이 걱정스러웠던 어머니는 기댈 수 있는 친구의 중요성을 항상 강조하셨다.

그는 "친구란 존재는 삼나무밭과 같아서, 주변 삼나무를 따라잡기 위해 다른 삼보다 곱절 노력해야 하는 작은 삼나무처럼 주위 친구들 덕에 버젓하게 자랄 수 있었다"고 회상한다. 그에게 친구는 책과 함께 자신을 지탱하는 또 다른 존재 의미다.

그는 마음이 심란할 때면 언제나《백범일지》를 꺼내 든다. 주위의 냉소와 질시에도 자신의 소신과 원칙을 지켰던 김구 선생의 모습이 윤형두 대표와 겹치는 것은 결코 우연이 아니다. 죽은 뒤 '영원한 출판인 윤형두'라는 묘비명만을 세상에 남기고 싶다는 그는 어느새 출판계에 커다란 그림자를 늘어뜨리며 찬란한 창공을 향해 비상하는 가오리연이 되어 있다.

《세계일보》2002. 7. 30.

창립 40주년 기념 축하 메시지

창사 불혹을 축하드립니다

강 민

(시인)

지난해에는 고희古稀를 맞은 윤형두 회장의 인간과 업적을 기리는 글을 쓴 적이 있다. 함께 출판계와 문단 생활을 했으면서도 그분이 쌓아올린 빛나는 성과의 탑을 우러를 뿐, 감히 다가가지 못하는 나 자신의 오늘을 반성했는데, 그분이 창립한 출판사 범우사汎友社가 벌써 40주년이란다.

사람으로 치면 그 무엇에도 흔들리지 않는 불혹不惑의 연륜을 쌓은 것이다. 범우사가 간행하고 있는 중후하고 알찬 출판물과 통권 145호를 낸 월간 《책과 인생》의 내용을 보면, 결코 비옥한 땅이 아닌 형극荊棘의 암반에서 오랜 풍상을 견디며 형언할 수 없이 아름답게 자라난 고송孤松의 모습을 연상한다.

어쩌면 인간 범우 윤형두와 출판사 범우사는 거기서 일체다. 이제 그의 2세 윤재민 대표 체재로 다시 제2의 부흥기를 맞으셨으니, 더욱 정진하시어, 이 나라 정신문화의 기둥이 되고, 겨레의 하나됨의 길잡이가 되어 주실 것을 부탁드리며 축하의 잔을 올린다.

미래를 위해 비상의 날개를 활짝 펼치시길…

강 원 희

(한국잡지협회 회장)

범우사의 창사 40주년을 진심으로 축하드립니다.

범우사는 단행본 출판과 잡지 발행을 통해 40년의 연륜을 쌓으며 우리네 정신의 밭을 갈고 열매를 거둬온 소중한 종합출판기업입니다. 잡지인의 한 사람으로서 참으로 자랑스럽고 가슴 뿌듯하게 생각하면서, 윤형두 대표님을 비롯한 임직원 여러분들의 그간의 노고와 범우사의 책과 잡지를 애독해주신 독자 여러분들의 애정에 감사의 말씀드립니다.

출판·잡지산업은 다양한 지식과 심층적인 문화콘텐츠, 풍부한 생활정보 등을 제공하는 정보화시대 지식문화산업의 근간으로 문화적인 파급 효과가 매우 큰 고부가가치 산업입니다.

범우사가 40년의 역사를 기념하는 이 기회를 통해 더욱 새롭게 진일보하여 우리 출판·잡지 문화의 미래를 새롭게 열어가는 비상의 날개를 활짝 펼치시길 빕니다.

거목을 예찬함

김규동

(시인)

거목을 대하면 저모르게 머리가 숙어진다. 나무의 중심은 하늘을 향해 뻗었고 아름드리 등걸은 고색창연하여 곧 다가가서 손으로 만져보고 싶어진다. 세월이 흐른 것이다. 그 세월이 어떤 것이었으랴. 풍상과 곡절과 시련, 그 온갖 것을 견디고 이겨낸 세월이었다.

범우사 창사 40주년. 거목은 우리 앞에 우뚝 솟았다. 대들보같이 뻗은 나무가지들 우람하고 대견스러워라. 오늘에 이르기까지 오로지 양서를 펴내기 위해 얼마나 많은 인재들이 피와 땀을 쏟았던 것이랴. 그 이상과 전통은 미래를 향해 영구하리. 추수문장불염진秋水文章不染塵(가을 강물같은 문장은 세속에 물들지 않는다)의 정신, 출판을 통해 더욱 빛나기를 축수하노라.

크나큰 범우汎友의 그늘

김문수

(소설가)

꼭 40년 전, 척박하기 이를 데 없는 황토를 개간하기 시작한 이가 있었다. 참으로 오랜 동안 땀벌창이 되곤 하는 어렵디 어려운 나날이었다. 그걸 보는 이들은 고개를 갸웃거리기도 했고 딱하다는 눈길을 보내기도 했지만, 그 불모의 땅은 조금씩 조금씩 바뀌어져 드디어 옥토가 되었다. 그 옥토에는 아주 좋은 씨앗과 묘목들만 뿌려지고 심어져왔다. 그러므로 이제는 향기 그윽한 꽃들만 만발하고 따라서 아주 충실한 열매를 맺는다. 그리하여 수많은 이들의 갈증을 풀어주고 영양을 공급한다. 이 농원이 곧 '범우'다.

옛글에 '앞사람이 뿌린 씨앗〔前人種樹〕은 반드시 뒷사람에게 시원한 그늘〔後人乘凉〕을 드리운다'고 했다. 과연 오늘 그리고 먼 내일도 '범우'의 큰 그늘이 우리에게는 있다.

범우의 창립 40주년을 기리며

김문환

(서울대 미학과 교수)

범우사가 출판한 그 많은 책들이 읽은 사람들 모두에게 마음의 양식으로 기억되고 있겠지만, 나로서는 법정 스님의 《무소유》를 저자로부터 받아든 순간이 가장 감격스럽습니다. 그러면서 언젠가는 나도 그 기라성 같은 저자들의 대열에 설 수 있었으면 하는 꿈을 키우게 되었습니다.

그러던 중 범우 선생의 문집 《한 출판인의 일본 나들이》를 접하게 되었고, 그러면서 새삼스럽게 그분이 흔히 접하는 출판사 사장이 아니라 정말로 글과 글에 실린 뜻을 사랑하여 출판을 천직으로 삼고 있음을 깨닫게 되었습니다. 그리고는 용기를 내어 제 나이 60 고비를 넘기는 해를 기념하는 문집의 출판을 조심스럽게 부탁드렸습니다. 저의 수필집 《아름다움을 생각한다》는 그렇게 해서 세상에 나왔습니다. 그 책을 받아든 순간의 기쁨을 아마도 다른 사람들은 짐작조차 못할 것입니다.

그리고 이제 《책과 인생》에 권두에세이를 연재하는 영광마저 누리게 되었습니다. 삼가 범우사 창립 40주년을 기립니다.

백범과 범우와 '등에'

김삼웅

(독립기념관 관장)

백범 김구 선생은 서대문감옥에서 백성(白)과 평범한(凡) 사람들을 위해 살겠다는 의미에서 '백범白凡'이란 호를 취했다.

지난 40년 동안 범우사는 근대화와 민주화의 격랑 속에서 평범한 국민들의 정신적인 양식이 되는 많은 양서를 출판해 왔다. 평범한 사람들의 정신적 동반자 역할을 해온 것이다. 백범 정신과 흡사하다. 그리고 그 중심에 월간 《책과 인생》이 있었다. 이 세상의 수많은 어울림 중에 '책과 인생'처럼 잘 어울리는 앙상블이 있을까. 책이 없는 인생살이는 샘이 없는 위험한 사막일 터이다.

범우사는 초심을 잃지 말고 평범한 사람들의 지적 샘물이 되고, 《책과 인생》은 안일과 물질에 취해가는 사람들을 일깨우는 '등에' 역할을 해주기를 바란다.

범우사는 '국민출판사'다

김시철

(시인)

먼저 창립 40주년을 맞은 범우사에 축하를 보낸다. 물경 217권이나 되는 '범우문고', 그리고 독서인 저변확대를 위해 꾸준히 다리 역할을 해온 통권 147호에 이르는 월간《책과 인생》의 지속적 발전도 함께 축하드린다.

국민의 정서함양에 피와 살이 되는 양서良書만을 출판해온 범우사. 인기 위주·이윤추구에만 급급하다 단명했던 그간의 많은 출판사와는 다른 궤軌를 걸어온 범우사인 만치, 필자는 감히 '국민출판사'라고 불러도 지나침이 없다는 생각이다.

그간 그 같은 업적을 쌓는데 투철한 사명감으로 정진해 온 창설자 윤형두 회장과 임직원 일동에게 독자의 한 사람으로서 무한한 존경을 함께 표한다.

범우사의 발자국

김우종
(문학평론가)

대형 서점가에 가서 사방을 바라보게 되면 가슴이 저절로 뜨겁게 달아오를 때가 있다. 너무도 찬란하게 꽃피고 있는 오늘의 출판문화에 대한 감탄 때문이 아니라 그 감탄사를 터뜨리게 만든 지난날의 발자국 때문이다.

여기서 내가 말하는 찬란한 출판문화는 그 다양성이나 양적 증대나 기술적 발전 따위가 아니다. 무엇보다 중요한 것은 누구도 막을 수 없는 우리들의 표현의 자유가 모든 창의력 상상력 사고력을 극대화시켜 오늘의 문화를 낳게 했다는 것이다.

그리고 그 자유는 이를 억압해온 친일 세력들과 군사 독재정권에 대한 강인한 저항과 희생의 결과로 얻어진 것이며, 그 자리에서 눈물겨운 발자국을 남긴 사람이 윤형두이고, 그가 40년 전 시작한 범우사다.

향 내음, 책 내음 40성상

김재기

(순천대학교 총장)

사람에게 인격이 있고 국가에는 국격國格이 있게 마련입니다. 저는 책에도 책격冊格이 있다고 봅니다. 인격이나 책격은 그 개체가 우려내는 향기와 같습니다. 책에서 묻어나는 향은 책을 만드는 사람들의 정신과 혼에서 나온 것입니다. 범우사가 펴낸 책들이 독특한 향 내음을 지니고 있는 것은 바로 이 책격이 있기 때문입니다.

40년에 걸친 범우사의 책격 만들기는 앞으로 더욱 진한 감동으로, 더욱 짙은 향내음으로 계속 될 것임을 믿습니다. 이러한 범우사 40성상의 성공은 평범 속에 숨겨진 비범을 찾아내어 책격으로 승화시켜내는 남다른 열정이 있었기에 가능한 것이었습니다. 부디 이 일이 더욱 향상되어 온 나라를 책 읽는 마을들이 되게 하소서.

불혹의 범우

김진악
(배제대 명예교수)

그때, 그 자리에 반듯이 있어야 할 그 무엇이 역사를 창조한다. 6·25의 상흔이 가시지 않은 나라를 군인이 다스리던 그 때, 국민의 물질적·정신적 환경이 황폐한 그 자리에서 탄생한 범우사는 40년 동안 한국출판계에 역사를 창조하였다.

싸고 알찬 '범우문고'는 독서인의 반려다. 월간 《책과 인생》은 범국민책읽기운동의 길잡이 역할을 담당하고 있다. 서슬이 퍼렇던 시대에 《다리》지를 발간하여 범우의 기백을 보여주기도 했다. 방대한 전집류의 간행은 경탄을 자아낸다. 책의 생산뿐 아니라, 출판이론을 학문적으로 정립하기 위하여 학자를 양성하고 출판학의 이론서를 발행한 범우의 업적 또한 특기할 만하다.

그리고 범우사를 설립한 윤형두 회장님이 순천대에 기증한 도서로 '범우문고'를 마련한 장거는 찬양받아야 할 것이다. 범우를 사랑하는 모든 독서대중과 더불어 이제 불혹不惑의 연륜에 이른 범우사의 무궁한 앞날을 충심으로 축복한다.

범우사 창립 40주년을 축하드리며

김현창

(서울대 명예교수)

범우사를 40년간 지켜온 윤형두 대표의 노고에 감사한다.

이 기간 동안 우리 사회에 대한 그의 문화적 공헌은 대단한 것이다.

요즘 각 기관들은 국내외의 명사들을 초청하여 이 험난한 세상에서 현명하게 살아갈 지혜를 얻고자 경쟁들이다. 나는 신문을 읽을 때 하단에 실리는 그 많은 광고 중에서 가끔 범우사의 종합출판 목록을 볼 때마다 나의 심장이 힘차게 펴는 것을 느낀다. 왜 그럴까? 여기에는 희망이 있기 때문이다. 동시에 지난날들 그리고 현재의 인간들이 축적해 놓은 양식이 감추어져 있기 때문이다.

교수, 등산가, 수필가인 윤형두 대표님의 온화한 표정 뒤에 강력한 의지력이 감추어져 있음을 본다. 이제 40년의 반석 위에 서 있는 범우사의 앞날에는 더한 영광이 찾아올 것을 믿어 의심치 않는다.

소망스러운 가치관을 창출

김형석

(연세대 명예교수)

범우사는 독서인구도 적고 읽을만한 도서도 찾아보기 어려운 때에 태어났습니다. 그 후 40년 동안 정신적 양식과 가치의식의 지표가 되는 양서들을 우리 사회에 꾸준히 제공해주었습니다.

지금은 독서층도 증대되고 서책의 보급량도 지나칠 정도로 쌓여가고 있습니다. 컴퓨터의 혜택으로 정보화의 시대가 급속히 다가왔습니다. 그러나 정보는 있어도 사상과 인격을 키워줄 양서는 여전히 빈약한 문화풍토로 바뀌었습니다.

앞으로 범우사는 독자를 찾아가는 출판에서 독자를 이끌어가며 소망스러운 가치관을 창출해 내는 새 출발을 해주기 바랍니다. 양量에서와 마찬가지로 질質에서도 선도자의 역할을 맡아 줄 것을 기원합니다.

범우사 창사 40주년을 축하드립니다

고수곤

(재단법인 대한인쇄연구소 이사장)

우리나라 출판문화의 산증인 범우사의 창사 40주년을 관련업계의 한 사람으로서 진심으로 축하드립니다.

인구 5천만 명에 불과한 우리나라가 세계 10대 출판강국으로 성장할 수 있었던 것은 범우사와 같은 훌륭한 출판사들의 끊임없는 양서 발간을 통한 출판문화산업 발전에 온 힘을 다해온 결과이기 때문이라고 감히 판단해 봅니다.

지금 우리 인쇄업계나 출판업계는 그 어느 때보다 힘든 시기를 맞고 있습니다. 이럴 때일수록 모든 출판인과 인쇄인들이 끈질긴 신념과 의지를 보인다면 그 어떤 어려움과 시련도 헤쳐나갈 수 있을 것으로 확신합니다.

처음 범우사를 창립하여 반세기에 가까운 장고의 세월을 한결같은 신념과 의지로 이끌어온 윤형두 회장님께 진심으로 경의를 표합니다. 다시 한 번 창사 40주년을 축하드리며 앞으로도 범우사가 우리나라 출판산업의 미래를 열어가는 중심에 서 있기를 기원합니다.

초심대로 튼튼한 버팀목 되길

남정현

(작가)

우리들의 첫째가는 숙원인 '통일'문제를 천리만리나 멀리 쫓아버린 그 광란의 60년대에 태어나서 겁없이 남북을 잇는 '다리'를 놓겠다고 몸부림치던 범우사.

그 범우사가 걸어온 우여곡절의 40성상은 어찌보면 '통일'을 성취할 이정표인 오늘날의 이 감동적인 6·15시대를 불러오기 위한 일종의 아우성의 연속이었는지도 모른다.

감개가 무량하다. 앞으로 범우사의 그 믿음직한 대문을 통과하여 사회에 진출하는 모든 책들은 초심을 잃지 말고 행여 이 6·15정신이 훼손되지 않도록, 그 정신을 지키는 튼튼한 버팀목이 되어주길 간절히 기대하며 다시 한 번 축하의 말씀을 드린다.

범우의 창립 40주년을 축하하며

노웅래

(국회의원)

"빨리 가려면 혼자 가고 멀리 가려면 같이 가라"는 아프리카 속담이 있다. "친구를 널리 좋아한다"는 범우汎友, 그 이름 자체가 이미 멀리 가겠다는 의지의 표현이었던 것 같다.

책과 더불어 오직 한 길을 걸어온 지 어느덧 사십 성상. 창립 초기 군사독재정권의 혹독한 탄압을 온몸으로 견뎌냈기에 오늘의 당당한 그가 있으리라.

많은 친구들이 그간 범우가 살아온 삶에 대해 감사하고 있다. 너무 무거운 짐을 짊어 지운데 대해 죄스런 마음이지만 동시에 그 짐을 이겨내리란 믿음을 갖고 있다.

굳이 불혹의 세월을 들지 않더라도 범우가 세파의 유혹에 흔들릴 것으로 의심하는 친구는 없다. 이런 친구들과 함께 범우의 창립 40주년을 축하하며, 지식문화강국을 구현하기 위해 작은 힘이나마 보태겠다는 다짐을 해본다.

21세기에 더 큰 업적을

리 영 희

(한양대 명예교수)

'범우출판사' 창사 40주년을 뜨거운 마음으로 축하합니다. 그간 나라의 문화창달에 기여한 공로보다 더 큰 업적을 21세기에 이룩하기를 축원합니다.

범우사 창사 40주년을 진심으로 축하합니다

문 효 치

(국제 펜클럽한국본부 회장)

세계 최빈국으로 우리민족이 절망의 늪에 빠져 있을 때 범우사는 참되고 아름다운 복음들을 책에 실어 펴내었습니다. 좌절과 시련을 극복하기 위해서는 우리에게 꿈이 있어야만 했는데 범우사는 이 어두운 시대를 밝히는 꿈을 갖게 해주었습니다.

언제나 경제개발과 민족문화의 균형적 발전을 위해 진력해온 범우사, 건강하게 성장하여 백 주년 천 주년의 기쁨을 누리소서.

범우사 창사 40주년

박맹호

(대한출판문화협회 회장)

축하드립니다.

범우사의 노고와 성과에 치하의 말씀을 드립니다

박 충 일

(사단법인 대한인쇄정보기술협회 회장)

범우사 창사 40주년을 축하드립니다. 또한 그동안 수많은 양서보급을 통해 출판문화의 질적 향상을 이끌어온 범우사의 노고와 성과에도 치하의 말씀을 드립니다.

어려운 여건 속에서도 한결같이 좋은 책을 만들고자 은은한 뚝심과 신념을 간직해 온 범우사의 지난 40년의 발자취는 출판업계에 충분한 귀감이 되어왔으며, 앞으로도 지금까지 보여준 출판문화의 미래를 새롭게 열어갈 의지와 미래를 향한 힘찬 비상을 통해 향후 100년의 출판역사를 만들어갈 본보기가 되기를 기원합니다.

지난 40년간의 땀과 노력을 아끼지 않은 윤형두 회장님과 모든 임직원 여러분께 깊은 감사를 드리며 범우사의 무궁한 발전을 기원합니다.

범우의 피와 땀

박환덕
(서울대 명예교수)

내가 범우사와 처음 인연을 맺은 것은 지금으로부터 33년 전인 1973년, H. 헤세의 《수레바퀴 아래서》가 출간되면서부터이다. 그 이후 나는 범우의 출판의 길에 대한 고집스런 집념에 매료되어, 때로는 출판인과 필자의 관계로서, 때로는 조언자로서 폭넓은 관계를 가져왔다.

때문에 나는 범우가 양적·질적으로 크게 번창한 오늘의 범우사를 어떻게 가꾸어 왔는지 잘 알고 있다. 범우사는 바로 그의 피와 땀의 결정체이다.

지난 40년간 이 나라 출판문화에 크게 공헌한 그에게 큰 박수를 보내며, 희망찬 미래를 향하여 힘찬 비상을 준비하고 있는 범우사의 앞날에 큰 번영이 있기를 기원한다.

초심을 잃지 않고 정진하길

서정우

(연세대 명예교수)

창사 40주년을 독자의 한 사람으로서 진심으로 축하합니다. 책을 만드는 일은 대단히 어렵고 힘들지만, 나라의 장래를 위해서는 대단히 자랑스럽고 보람찬 일이라 생각됩니다. 끝까지 초심을 잃지 않고 정진하시기 바랍니다.

우리나라는 책을 읽지 않는 나라로 유명합니다. 아무리 올림픽이나 월드컵에서 금메달을 많이 따도 책을 읽지 않으면 우리나라는 결코 선진국이 될 수 없습니다. 왜냐하면 생각하는 백성이라야 발전할 수 있기 때문입니다.

우리나라는 유구한 역사와 전통을 자랑하는 문화민족입니다. 우리나라의 출판문화는 세계가 알아주는 자랑스러운 문화입니다. 우리는 늦기 전에 우리의 자랑스러운 출판문화를 회복하고 진흥하도록 노력해야 합니다.

한 번 더 창사 40주년을 마음으로부터 축하합니다.

깊고 맑은 범우사

송규호
(수필가)

어제를 비춰보는 오늘이
내일을 빛내 나아가는
깊고 맑고 넓은 범우사.

피땀으로 다져온
40년 세월
그 미더운 발자취

우리 여기 모두
눈부신 이 한봄을
노래 부른다.

빛나는 공헌이어라!

신봉승

(극작가·예술원 회원)

널리 아우라서 범우汎友라 했던가.

세상을 아우르고, 친구를 아우르고, 그 많은 책을 아우라서 40년…… 한결같이 올곧은 염원으로 책을 예찬하고 만들어서 마음이 허한 사람들을 달래고, 또다시 아우라서 눈을 뜨게 하고, 벗하게 한 40년을 천금과 같다한들 누가 탓하랴.

그 격동의 40년 세월에 어찌 갠 날만 있었으랴. 윤형두 회장이 지키면서 걸어온 형극의 현장을 아는 사람은 모두 알기에 '범우사 창립 40주년'의 기쁨은 오히려 우리의 옷깃을 여미게 한다. '범우에세이' '범우사르비아문고', 월간 《책과 인생》이 뿜어내는 책의 향기가 우리 모든 이웃들에게 밝은 희망을 안겨다 주고 있음을 의심할 사람이 없다면 범우사의 지난 40년은 실로 빛나는 공헌이 아닐 수 없다.

돌산의 큰 바위 얼굴

신찬균

(언론중재위원회 위원·독립기념관 감사)

지금은 큰 건물이 들어서서 거리를 장식하고 있지만, 60년대 초 세종문화회관 뒤편에는 겨우 2층 건물 몇 채가 서 있었다. 바로 그 자리에 오늘의 범우사가 있었다. 출판사래야 사장인 윤형두 선생과 여사원 1명이 고작이었고 당시 수필을 전공했던 박연구 선생이 보조를 했을 따름이다.

당시 군사정권이 기승을 부리기 시작한 때여서 《다리》지誌 사건으로 고난을 겪었던 윤사장은 도무지 바깥 상황에 관심을 두지 않은 채 책만 열심히 찍어내는데 골몰했다. 바야흐로 운동권들이 군사정부와 투쟁을 하면서 민주화운동에 앞장을 섰고 사회과학서적이 캠퍼스를 가득히 채웠을 때였으니, 학생들은 일종의 정신공황상태에 빠져 고전을 읽을 생각도 하지 못했다.

그러나 윤 사장은 부지런히 고전을 찍어서 조선의 실학은 물론이거니와 서양의 그리스 고전으로부터 시작해서 카뮈의 실존주의에 이르기까지 풍성한 정신적 유산을 펴냈다. 학창시절에 미처 읽지 못했던 고전을 나는 그 당시 수없이 섭렵할 수 있었다. 이제 범우사는 출판단지에 자리잡고 있다. 이 땅의 지성인과 젊은이들에게 오늘도 끊임없이 무한한 미래를 전해주고 있다.

범우사여 영원하라!

장하다 범우사여!

양병석
(원광대 명예교수)

봄 여름 가을 겨울 40개성상
흐른 세월 책 만들기 외골수로
출판문화 금자탑 쌓았구려.
그대 포리페모스의 위협에도 굴하지 않았고,
사이렌의 유혹에도 흔들리지 않았다.
화마火魔가 할퀴어도 불새처럼 살아났고,
IMF 된서리 맞았어도 시들지 않았다.
이제 그 토대 위에 서림書林의 거목巨木으로
우뚝 높이높이 서소서.
삼가 창립 40주년을 축하합니다.

오랜 친구로 남아주기를

윤 재 천

(한국수필학회 회장)

수필과 함께 한 40여 년이니 내 삶은 수필을 떼어 놓고는 얘기할 수 없다.

언어영역과 문자영역의 경계를 따지자면, 낮에는 학생과 만나 말로 문학을 이야기하고, 밤에는 홀로 앉아 문자로 인생을 논하며 살았다고 할 수 있다. 그런 면에서 《책과 인생》이란 제호가 나의 삶을 나타내는 한마디의 명쾌한 답이다.

긴 글을 외면하는 신세대의 기호에 맞게, 좀더 깊이 있는 성찰을 원하는 기성세대의 입맛도 고려하며 그때그때 알마춤한 밥상을 차려내는 《책과 인생》이라는 얇지만 귀한 책이 있어 쉽게 잠들지 못하는 밤, 오래된 친구처럼 따뜻한 마음이 된다.

손에 잡기 쉬운 곳에 놓아두고 도란도란 이야기하듯 가까이 하고 싶은 책이다.

오래오래 곁에 남아주었으면 한다.

범우사 창립 40주년을 맞으신 윤형두 선배께 드립니다

이기웅

(열화당 대표·출판문화재단 이사장)

출판단지 열화당의 제 방에는 제가 사랑하는 책들이 잘 꽂혀 있어 아늑한 마음입니다. 이 행복한 공간에서 새삼 선배를 생각하며 이 글을 씁니다.

파평 윤씨인 당신께서는 범우사 사옥을 새로 지어 소원하시던 당신의 본향 파주로 작년에 이사해 오셨습니다. 선배와 함께 십칠 년 동안 준비해 왔던 출판도시에로의 입주는 우리에겐 참으로 감격스런 일이었으며, 더구나 그간 경영수업을 착실히 해온 재민 부사장을 사장으로 임명하시는 등, 회사를 가다듬어 새로운 파주시대를 준비하시는 모습은 마음 든든하게 느껴졌습니다.

"나의 비명碑銘에 '출판인 윤형두'라는 호칭으로 기록되기를 소망한다"던 당신의 그 뜻이 하나하나 각인되는 순간들이라고 저는 믿습니다. 연전에 사랑하는 형수님을 저 세상으로 보내신 그 아픔을 잘 이겨내시고는, 역시 한결같은 책사랑, 그리고 책 동네의 동료애를 남달리 베푸시는 선배의 모습은 의지로우면서도 아름다웠습니다.

모쪼록 범우사의 역사가 사백 년, 아니 그 이상의 연륜을 쌓아가면서 끊임없이 발전하시기를 기원합니다.

무궁한 발전을 기원합니다

이기형
(시인)

미래를 향해 힘차게 비상하는 출판문화의 기수 범우사의 창사 40주년을 열렬히 축하합니다.

고전에서 현대물에 이르기까지 우리 문화의 도도한 맥을 잘 짚어 왔습니다. 문화 유산의 계승 발전에 바친 땀방울이 영롱합니다. 또한 오늘 우리 문화가 나아갈 길에 대한 진지한 모색과 통일 성취를 향한 전진적 성찰에 몰두하고 있음에 경의를 표합니다. 어려운 여건으로 출판계의 부침이 극심한 오늘의 상황을 잘 극복하고 건재를 누리는 범우사에 미더운 박수를 보냅니다. 계속 전진 발전을 빌어 마지 않습니다.

출판문화의 큰 별 범우사를 기리며

이 상 보

(국민대 명예교수·수필가)

올해 병술년(2006)은 한국 출판문화를 온 누리에 빛내온 범우사가 창사 40돌을 맞는 뜻깊은 해다. 그동안 창설자이신 윤형두 박사는 온갖 어려움을 겪으면서도 한결같이 이겨내며 범우사를 이 나라 굴지의 종합출판사로 발전시켰다.

윤 박사는 일찍이 한국출판학회와 한국고서연구회의 창립에 참여하여 그 회장직을 맡아 출판학의 이론정립에 이바지하고, 일본과 중국 등의 출판학회와 연대해서 국제출판학회를 이끌면서 많은 일을 해왔다. 또한 여러 대학원의 초빙교수로서 출판과 문헌정보학의 교육을 통해 후진양성에 힘을 쏟으며, 1991년에는 범우출판문화재단을 만들어 지금까지 모두 220명에게 172,600,000원의 장학금을 주어 한국 출판계의 유능한 인재를 배출했으니 놀라운 일이다.

한편 1986년부터 해마다 범우 독후감 공모를 통해 20회에 걸쳐 초·중·고등학생과 대학·일반부와 단체상으로 수백 명에게 막대한 시상을 해오고 있으니 국민 독서운동에 앞장서온 업적 또한 크다 할 것이다.

범우사에서 펴낸 책으로는 '범우비평판 세계문학' 149권, '범우비평판 한국문학' 30권, '사르비아총서' 125권, '범우고전선' 57권, '범우사상신서' 59권, '범우거작선' 10여 권, '범우문고' 216권 등이 계속 나오고 있으니 이제는 범우사의 양서는 동서고금의 정신적 양식으로 자리잡았다.

지난 10월에는 제2대 사장으로 윤재민 부사장이 범우사의 대표이사를 이어받고, 윤형두 사장은 회장이 되었으니 매우 뜻깊고 기뻐할 일이었다.

흔히 사람의 나이가 마흔이면 '불혹지년'이라 세상일로 혼란스러워하거나 헤매지 않는다고 한다. 부디 사장께서 윤 회장의 창사정신을 새로운 물감으로 풀어서 아름다운 그림을 그려주시기를 바라며 범우사의 무궁한 발전을 빈다.

뜻으로 맺은 만인의 친구

이어령
(이화여대 명예교수·중앙일보 상임고문)

뜻으로 맺은 사십 년 만인의 오랜 친구.

범우사 창사 40주년을 기리며.

찬란히 빛나리! 범우 40년 적공積功

이응백

(서울대 명예교수)

사람이 한 일에 일생을 바친다는 것은 쉬운 일이 아니다. 더구나 갈수록 변화가 심한 오늘날과 같은 현실에서 한 길을 꾸준히 걷기란 보통 작심作心으로는 수행할 수 없는 일이다. 책이나 자료를 통해 검색해 소기의 성과를 거두겠다는 점에 있어, 텔레비전과 인터넷 같은 전자 매체를 통해 극히 짧은 시간에 정확하게 달성할 수 있다는 편리함 때문에 수공업적 원천에 해당하는 책의 출판은 갈수록 설 땅을 잃어 가는 느낌이 든다.

그런데 책이란 과연 그토록 존재의 의의를 잃어가야 마땅한가. 우리가 책을 읽는다는 것은 문자로 기술된 문장文章을 통해 지식과 그 행간, 즉 그 밑에 깔려 있는 글쓴이의 의도와 정신을 읽어 냄으로써 지식 외의 삶의 깊이를 더해 가는 것이다. 모르는 글자나 단어는 자전을 찾아 적어넣고, 중요하고 마음에 와닿는 부분에는 줄을 쳐, 나중에 들춰 볼 때 그 흔적을 따라 읽던 당시의 모든 정황이 회상됨으로써 내용이 더욱 선명하게 떠오르는 희열을 느낄 수 있다. 문사철文史哲, 곧 문학과 역사, 철학 다방면에 걸쳐 인류와 자연의 진액을 가시화해 두고두고 무게 있는 영향을 끼칠 책을 출판하는 일에 40년간 온힘을 바친 윤형두 선생과 범우 여러분의 적공은 길이 찬란히 빛나리.

늘 푸른 범우사의 항진

이종국

(혜천대 교수·한국출판학회 회장)

출판사의 나이가 많다 해서 좋은 책을 낸 실적과 비례하는 것은 아닐 것이다. 그러나 여기 범우사의 경우는 양서의 켜가 더 두터운, 끊임없는 적탑의 위용을 보여 준다.

지난 40년간 쌓아온 탑이 그 어떤 누적의 개념보다도 장엄해 보인다는 뜻이다. 그런 오늘이 있기까지 얼마나 뜨거운 땀의 노정이었던가. 그렇게 달려오면서도, 범우사는 늘 푸른 이념으로 한결같았다. 바라건대, 여전히 그런 모습의 범우사가 더더욱 힘차게 항진하기를 축원한다.

불혹不惑을 넘어 지천명知天命의 신세계로

이종철

(부여백강 한국전통문화학교 총장)

밀개떡도 먹기 힘들었던 보릿고개를 오륙십 세대들은 기억한다. 용케 구한 꿀꿀이죽 한 그릇을 나눠 먹던 동숭동 대학시절, 암울한 흑백사진을 우리는 도저히 잊을 수 없다.

종로5가를 흐르는 욱천과 청계천변의 헌 책방 앞은 서산서해書山書海 같았다. 비록 굶주렸지만 책방을 헤매는 젊은이의 형안炯眼은 날선 칼처럼 빛났다. 어렵사리 구한 《맹자》《백범일지》《흙 속의 저 바람 속에》 등을 돌려 읽고, 밤새도록 선각자의 지성을 탐구했다. 그나마 행복했던 추억이다.

이런 시절, 40대의 젊은 청년 윤형두 선생은 범우사를 열어 절망의 시대에 희망을 보태주었다. 옛 선비들이 실천했던 주경야독처럼, 돌밭을 일구고 땅심을 돋우기 위하여 땀흘려 일했다. 범우라는 말처럼 온 젊은이의 벗이 된 것이다. 깨어있는 젊은 지성들이 범우와 윤형두 선생을 아끼게 된 것도 결코 우연이 아니다.

그렇다, 진정이다! 범우는 외세에 짓밟힌 조국의 역사마당을 지킨 대쪽같은 의인행義人行을 수행했다. 어디 이뿐인가. 베스트셀러의 유혹에 빠지지 않고 오로지 앞길을 보면서 약관 선비의 뒷배를 보살피고, 이타행利他行과

무소유를 실천하였다.

우리는 범우가 40여 성상 동안 원칙과 원력願力을 버리지 않고 지켜온 '책 속의 책을 지키는 깨우친 구도자求道者의 참삶'을 잘 알고 있다. 그렇기 때문에 지천명知天命의 세상을 여는 존재의 의미까지 기대해도 과욕은 아닐 것이다. '범우'라는 이름처럼 말이다.

좁은 길 너머 고서古書가 있는 풍경

이태주

(영문학자 · 연극평론가)

마포구 구수동에 있는 범우사를 가려면 어김없이 '좁은 길' 골목 주둥이를 통과해야 한다. 그 목을 지나면 넓은 터에 층층이 쌓인 계단이 있고, 지하갱도처럼 엉키며 뻗은 출판사 일터가 있다. 참으로 이상한 곳에 이상하게 지은 집도 다 있구나하는 것이 나의 첫 인상이었다. 회장이 계신 방을 찾는 일도 쉽지 않다. 묻고 물어서 들어서면, 옆방에 번지는 은은한 고서 향기, 그리고 고서처럼 단정하고 골동骨董처럼 성상星霜을 품은 범우사 윤형두 창설자를 만난다. 본인이 세익스피어 일로 처음 만났을 때, 그러니까《세익스피어 4대 비극》이 1991년 8월 20일에 초판이 발행되었으니, 그 때보다 훨씬 이전의 일이다. 그는 나직하고, 친절하고, 자상하고, 겸손했다. 흔히 부딪치는 다른 출판사의 경우처럼 고자세가 아니었다. 이후 만날 때마다 그는 나에게 당신 때문에 범우사가 살아간다며 고마워했다.

그런데 사실상 범우사 때문에 살아간 것은 나 자신이었다. 책 나올 때마다 꼬박 꼬박 인세를 보내주고, 원고를 쓰면 책을 내주고 하니 그동안 신세를 많이 졌다. 더욱이 곧 개역 세익스피어가 나오고, 세익스피어를 소개하는 책이 출판되니 이 이상 더 나는 행복할 수 없다. 범우사 출범 40주년에……

범우사 마흔 살을 축하하며

이해찬

(국회의원 · 전 국무총리)

범우가 어느덧 창립 40주년이 되었다는 전언에, 문득 유신정권에 겁없이 대들던 청년 시절 서대문 뒷골목의 기억이 코끝에 스칩니다. 그 시절 범우의 책은 돈도, 제대로 된 읽을거리도 부족했던 우리들에게 값싸면서도 푸짐한 마음의 성찬이었으며, 개인적으로도 범우는 책을 파는 것보다 읽는데 더 소질을 보인 청년 이해찬을 식구로 맞아준 좋은 벗이었습니다.

'머리에 주먹질을 하는 책이 아니면 읽지를 말라'는 카프카의 말을 '만들지 말라'는 말로 바꾸어 지켜온 범우가 불혹의 나이가 되었다 합니다. 열 살 남짓했을 때도 유혹에 흔들리지 않았던 범우이니 불혹에 이르렀다 하여 무슨 변화가 있을까마는, 아직도 스타벅스 커피 반잔 값인 2,800원에 문고판을 내는 모습에 적이 안심이 됩니다.

언제까지 그 모습 변하지 않는 범우이기를 바라며, 창립 40주년을 맞은 범우에게 축하와 함께 무궁한 발전이 있기를 기원합니다.

한국 출판문화계의 새로운 장을 연 총아

이효계

(전 농림부 장관·숭실대학교 총장)

한국 출판문화계의 새로운 장을 열어 온 종합출판의 총아 '범우사'!

창사 40주년을 진심으로 축하드립니다. 최고의 독자층과 매년 우수 도서 출판사로 선정되어 온 '범우사'! 범우사 하면 윤형두 회장, 윤형두 회장하면 범우사로 많은 애독자들에게 각인되어 출판계의 명품 브랜드로 성장해 온 범우사에 아무리 찬사를 드려도 부족할 뿐이다.

지난날 불타오르는 젊은 열정으로 기라성 같은 출판계에 혜성처럼 나타나 출판계를 석권하고, 어려운 출판사를 경영하면서 인동초忍冬草처럼 모질게도 오직 한 길 '범우'만을 고집하면서 오늘에 이른 윤형두 회장! 바라기는 국민들에게 양의 동서고금을 섭렵할 수 있는 국민필독서를 출판하는 역할을 기대하면서 '범우사'의 일취월장 발전을 기원합니다.

앞으로도 범국민의 앎을 새롭게 열어주시기를

임홍조

(한국출판연구소 이사장)

축하합니다. 출판의 외길 50년을 걸어오셨으니 지천명을 이루셨고, 책벗들에게 덕을 베푼 40년의 역사는 불혹을 이루셨습니다. 청춘을 불사르고 몸이 으스러지도록 거대한 지성의 벽화를 그려온 범우의 자화상은 서목書目의 창으로만 엿보기에 부족합니다.

시대 변화의 흐름을 잃지 않으면서도 온축된 지혜와 교양의 샘물을 길러 뭇 사람들의 인생여로에 생명수를 듬뿍 나눠주셨지요. 온고지신이란 말이 스승됨(爲師)의 맥락에서 쓰였듯이, 범우만이 간직한 서격書格과 취택取擇의 서안書眼을 온양溫養하여 앞으로도 범국민의 앎을 새롭게 열어주시기를 책벗의 한 사람으로서 간절히 바라마지 않습니다.

21세기 대한민국의 희망과 빛을 비추며 동아시아 출판사史 한 가운데에 우뚝 서시기를 기대하고, 그간의 심적心迹에 찬사를 보내며 범우 가족들의 무궁한 발전을 기원합니다.

'대춘大椿'처럼 무성하기를

장백일

(문학평론가 · 국민대 명예교수)

진심으로 창사 40돌을 축하한다. 이 축하가 천년 대계의 씨앗이 되기를 기원한다. '한비자'는 '冬日之寒凍也不固 則春夏之長草 木也不茂'라 했다. 겨울에 땅이 굳게 얼어붙을 정도로 엄한 추위가 없다면 봄에서 여름의 초목이 무성할 리 없다는 말이다. 옳은 말이다. 그간 범우사는 엄동설한을 헤집고 봄 여름의 초목을 가꾸어 왔음에 기필코 거목으로 육성하리라 믿는다.

아득한 옛날 '대춘'이란 나무가 있었다. 8천년은 봄이고 또 8천년은 가을이었다. 그런데 지금 불과 7백세를 산 '팽조'는 장수한 사람으로 유명해 세인들이 이에 필적하려 한다. 이 어찌 슬픈 일이 아니겠는가. '장자'(〈소요유〉 제1)의 말이다. 부디 '대춘'처럼 무병장수의 무성한 수목으로 자라기를 빌어마지 않는다.

인욕으로 정진해온 범우사는 꼭 그렇게 성장할 것이다. 인류가 있는 곳에 책이 있고, 책이 있는 곳에서 인류는 영원하기 때문이다. 그래서 출판은 인류의 언어와 얼을 지키는 위대한 불침번이다. 그로써 세상은 밝아진다.

범우의 창립 40주년을 진심으로 축하합니다

장 영 달

(국회의원)

"친구를 널리 좋아한다"는 범우사의 깊은 정신과 함께 출판사업을 해온 지 벌써 40주년이 된 것을 진심으로 축하드립니다. 암울했던 군사독재정권 시절, 범우사는 우리 청년들에게 빛이며 희망이었습니다.

가급적 많은 책을 출판하자는 종합출판을 지향하여, 우리나라 출판계의 새 지평을 연 것은 참된 지식을 갈구하는 학생, 시민들에게 너무나도 큰 힘이 되어 주었습니다. 이제 범우사의 높은 시대정신을 다시 살려, 온 국민에게 사랑받는 범우사로 더욱 발전하기를 기원합니다.

따뜻한 배려와 박사학위

장 을 병

(전 성균관대 총장 · 전 한국정신문화연구원 원장)

창사 40주년을 맞이하는 범우사에 축하를 드리고 싶다. 나는 범우사에 큰 은혜를 입었던 사람이기에, 마음속으로부터 우러나오는 축하를 드리고 싶다. 1974년 12월의 일이었던 것으로 기억된다. 나는 당시 성균관대 교수로 봉직하고 있으면서 대학원에 박사학위 논문을 신청했는데, 심사용 논문집을 만들어 제출해야만 했다. 심사용 논문집을 따로 만들려면 많은 액수의 돈이 필요한데, 나는 그 돈을 마련하기가 어려워서 윤형두 사장에게 떼를 써서 '게라(교정쇄)'를 떠 여섯 부만 만들어 주기를 간청했다. 나의 어려운 처지를 어여삐 여겨, 심사용 논문집을 만들어 주셨을 때, 그 고마움은 지금도 잊을 수가 없다.

윤형두 사장의 배려가 없었더라면, 나는 박사학위를 놓쳤거나 늦출 수밖에 없었을 터인데, 따뜻한 배려 덕분에 박사학위도 취득하고, 《한국정치론》이란 저서도 내는 행운을 차지할 수 있었다. 다시 한 번 윤형두 사장에게 고마움을 표시하고 싶다.

출판의 금자탑을 쌓아올린 범우사

전병석

(문예출판사 대표)

초지일관 단행본 출판의 외길을 걸어오며 출판의 금자탑을 쌓아올린 범우사의 40돌을 축하합니다. 범우사는 어려운 출판 여건 속에서도 상업주의 출판에 빠지지 않고 한결같이 양서 출판만을 고집해 왔기 때문에 바로 오늘의 영광이 있다고 생각합니다.

그동안 범우사에서 출간한 수천 종의 양서는 우리 청소년들의 마음밭을 기름지게 만드는 자양분을 제공하는 보고寶庫였습니다. 특히 범우사의 선도적 수필문학 출판은 우리 수필문학 발전에 큰 활력을 불어 넣었으며, 문학의 변두리에 있던 수필문학을 중심부로 끌어들이는데 크게 기여하였다고 생각합니다.

앞으로도 우리 출판문화 발전에 큰 역할을 하여주기 바라며 범우사의 무궁한 발전을 기원합니다.

범우사 창립 40주년에 즈음하여

정진권

(수필가·한국체육대 명예교수)

범우사의 범우汎友라는 말은 이 회사를 설립한 윤형두의 아호다. 이제 범우사가 창립 40주년을 맞는다고 한다. 나는 윤형두와의 개인적인 관계를 떠나 책을 사랑하는 보통 시민의 한 사람으로서 충심으로부터 이를 경하해 마지않는다.

나는 전에 〈범우설汎友說〉이라는 짤막한 글 한 편을 쓴 일이 있다. 이 글은 윤형두의 인간됨을 설한 것이다. 나는 그때 그를 일러 '널리 벗하되 아무나 벗하지 않는 범우'라고 한 바 있다. 범우사는 400년이 되어도 늘 이럴 것을 나는 믿는다.

크고 넉넉한 언어 범汎 자

전택부

(서울 YMCA 명예총무)

내가 아는 글자 중에 범 자만큼 쓰기 쉽고
보기 좋은 글자가 또 어데 있겠습니까?

내가 아는 언어 중에 범 자로 된 언어만큼
크고 넉넉한 언어가 또 어데 있겠습니까?

내가 아는 인물 중에 범 자 아호를 가진 인물만큼
든든하고 위대한 인물이 또 어데 있겠습니까?

아, 범우여 축하합니다
그 탄생과 그 발전을!

변함없이 성장하는 국민의 벗!

정 규 화

(전 성신여대 교수·이미륵박사기념사업회 회장)

범우사 창사 40주년을 진심으로 축하합니다. 돋보이게 성장한 범우사의 모습은 그를 사랑하는 독자들과 지식인들의 기쁨이요, 경사가 아닐 수 없습니다.

변함없고 흔들림이 없는 범우사여! 우리 모두 함께 힘을 발휘하여 계속 매진합시다.

범우사의 눈물

차 범 석

(극작가 · 전 대한민국예술원 원장)

창사 40주년. 사람의 경우로 말하면 불혹의 나이가 된 셈이다. 그러나 사회적, 문화적 측면으로 보자면 백 년과 맞먹는 나이일게다. 역사는 바뀌고 조국의 독립은 되찾았다고 했지만 아직도 성한 곳이라고는 무엇 하나 없던 상처 투성이의 몸뚱아리. 그것 하나만 믿고 출판을 하겠다고 뛰어든 윤형두 회장의 백발이 떠오르는 나의 감상벽은 무엇인가. 찢기고, 갈라지고, 짓이기고 다시 반죽을 하면서 책 만들기에 40년을 보냈으니 어찌 머리가 검게 남아날 것인가.

눈이 시리다 못해 절로 아려오고 눈물이 날 지경이다. 인고도 학대도 모멸도 아닌 그 지긋지긋한 세월을 이제 다 이겨내며 40년을 흘러보냈을까. 아, 축하가 아니라 슬픔이다. 범우사의 눈물이라고 하자.

범람정축의 큰 꿈

최승범

(시조시인 · 전북대 명예교수)

축하합니다. 어느덧 40년이군요. 윤형두 회장과의 친교에서 뿐아니라, '범우에세이' '범우사르비아문고', 월간 《책과 인생》과의 인연에서도 가슴 벅찬 축하를 드립니다.

귀꿈스럽게도 '범우사'의 이름에 생각이 미칩니다. 그러고 보니, 윤 회장의 아호도 '범우'이시군요. 사명과 아호에는 '범람정축汎濫停蓄'의 큰 꿈이 담겨 있다는 생각입니다. 온 누리에 학문·문화·예술의 물결을 펼쳐나갈 좋은 책을 출판한다, 스스로도 독서인이 된다는 꿈이라 할 수 있겠습니다.

윤형두 회장은 지난 40년간 이 꿈의 길에서 흐트러짐이 없었습니다. 학계·문화예술계에 기여한 범우사의 양서량, 그리고 윤 회장의 출판인, 수필가, 사회정의인으로서의 활약상이 이를 실증하고 남습니다. 먼 역사에도 우뚝하리라 믿습니다.

거듭 축하 축수합니다.

범시대의 양심을 지키고자 한 범우사

허 상 만

(한국학술진흥재단 이사장)

40년, 긴 역사다. 굴곡의 역사다. 세상이 네 번 바뀌었으니 많은 변화가 있었다. 그 긴 역사 속에서 범우사, 흥망의 성쇠가 있을 수밖에 없는 출판 풍토 속에서 단 한 번의 외길도 허용하지 않고, 정도를 걸어왔던 힘은 어디서 온 것인가? 인고의 세월을 견뎌낸 저력은 무엇인가? 사람의 힘이다. 범우 윤형두 선생의 옛 선비적인 지조와 양심 때문이다. 수평선 위에 떠 있는 돛단배이고 싶은 선생의 고고함 때문이다.

하얀 머리카락을 바닷바람에 날리며 돌산 앞바다를 걷는 모습을 나는 보고 싶다. 불타는 잉걸처럼 타오르는 동백섬의 2월에 잔설을 밟고 동백꽃과 하나되는 젊은 범우 선생의 모습을 오래 간직하고 싶다.

지난 40년 역사처럼 한 시대의 양심을 지키고자 했던 범우사가 훗날 역사 속에 옳게 기록되기를 바라는 마음은 나만의 욕심이 아닌거다. 빛나고, 영원하고, 그리고 우리의 가슴 속에 아름다움으로 남아있는 범우사가 되기를 기대한다.

정도正道를 걷는 범우사

허신행

(전 농림수산부 장관·서울시 농수산물공사 사장)

나는 최근 매스컴의 조명을 받고 있는 '추억을 깎는 이발사'를 만나 세상의 오묘함을 느낀 적이 있다. 광속으로 움직이는 세상에 서울 마포구 만리동시장 뒷골목 한 자리에서 3대째 79년간 이발관을 운영해오고 있는— '성우이용원'의 이남열 씨, 그는 "다 변할 땐 안 변하는 게 살길……"이라며 세속적인 돈벌이와는 담벽을 쌓고 이발의 정도를 지키고 있었다. 낡은 가위와 칼 하나로 도인道人의 경지에 이른 그를 찾는 사람들중에 이발 고객들은 물론 일간지와 TV 방송사 기자들까지 즐비하게 서 있는 것을 보고 나는 새삼 범우사를 떠올리게 되었다.

대박을 터뜨릴 수 있는 책이면 그 내용이 어떤 것이건 마구 찾아내기위해 혈안이 되어 있는 작금의 출판업계 세태에도 아랑곳하지 않고 오로지 국민들에게 마음의 양식이 될 수 있는 양서를 '성우이용원'처럼 고집하며 예나 지금이나 변하지 않고 출판의 정도를 걸어온 범우사의 40주년을 진심으로 축하하며, 앞으로도 계속해서 출판업계의 빛과 소금이 되어주기를 간절히 바란다.

40년, 그리고 4천 종

홍 기 삼

(동국대학교 총장)

범우사 창립 40주년을 축하하고 그 기쁨을 함께 나누고자 합니다.

지난 40년간 우리 사회는 수백 년이 걸려도 경험하기 힘든 사회적 변동을 겪어왔습니다. 범우사가 그동안 출판한 4천 종의 책들은 바로 저 격변의 시기를 압축한 고뇌의 산물로 보입니다.

그 중에서도 '범우문고'로 대표되는 문고형 양서들은 지식의 독점적 현상을 극복하는 한편 우리 사회의 민주화에 대해 끊임없는 열정을 품어온 윤형두 선생의 실천적 의지의 결실일 것입니다. 게다가 다양한 분야의 고급한 교양서들과 전문서를 발간하여 이제는 범우만의 출판영역을 확보하였을 뿐아니라, 가장 진중한 지식산업의 선두를 맡게 된 것도 축하할 일이며, 든든한 후계자가 일취월장으로 성장한 것도 범우의 미래를 더욱 밝게 하는 중요한 까닭이 될 것입니다.

거듭 범우사 창립 40주년을 축하하고 더 큰 발전을 바랍니다.

더욱 발전하는 범우사로 거듭나기를

홍우동
(대한인쇄문화협회 회장)

《논어》〈위정편爲政篇〉에서 공자는 자신의 일생을 회고하던중 자신의 학문 수양의 발전 과정에 대해 "나는 15세가 되어 학문에 뜻을 두었고〔吾十有五而志于學〕, 30세에 학문의 기초를 세웠으며〔三十而立〕, 40세가 되어서는 미혹하지 않았고〔四十而不惑〕, 50세에는 하늘의 명을 알았다〔五十而知天命〕"고 했습니다.

세상일에 정신을 빼앗겨 갈팡질팡하거나 판단을 흐리는 일이 없었다는 이 말이, 범우사를 통한 윤형두 회장님의 출판인생 40년과 조금도 다르지 않게 느껴지는 것이 저만의 생각은 아닐 것입니다.

앞으로도 더욱 발전하는 범우사로 거듭나시어 우리나라 출판계의 거목으로 우뚝 서시기를 진심으로 기원합니다.

창립 50주년 기념 축하 메시지

창사 50주년을 축하드리며

고 영 수

(대한출판문화협회 회장)

종합출판 범우사의 창사 50주년을 진심으로 축하드립니다. 특히 올해는 제가 존경해마지 않는 윤형두 회장님의 출판계 입문 60년이 되는 해이자 범우사 창사 50주년이 되는 해이기에 더욱 뜻깊습니다.

지금껏 범우사는 귀사의 우수 단행본 출간을 비롯해 대표 월간지인 〈책과 인생〉을 창간 이래 한 회도 결호 없이 발간하시고, 또 사내외보인 〈범우〉 발간을 통해 범우사의 다양한 출판 이력과 후배들에게 귀감이 되는 장학활동의 기록들을 남겨주셨습니다. 무엇보다도 지난 50년간 지속된 범우사의 올곧은 출판정신은, 척박했던 출판시장의 토양을 다진 밑거름이 되었으며, 작금의 한국문학과 출판시장의 발전은 지금의 범우사가 씨 뿌리고 가꾼 토양 아래 성장한 결실이라 해도 과언이 아닐 것입니다.

이 같은 회장님의 책 사랑이 50년의 세월 속에 켜켜이 쌓여 오늘의 범우사, 더 나아가 오늘의 출판시장을 만들어 냈습니다. 때론 힘들고 어려운 시기도 있으셨겠지만, 이 모진 시간들을 묵묵히 이겨내셨기에 범우사 50번째 생일이라는 귀한 시간을 갖게 되었으며, 이는 윤 회장님 개인의 성찰을 넘어 출판계 역사에 길이 남을 뜻깊은 성과라 하지 않을 수 없습니다.

"책이 좋아 책과 함께 산다"는 윤 회장님의 생활신조는 50년 전, '친구를 널리 좋아한다'는 뜻을 담은 종합출판 '범우' 창립을 통해 실현 중이시며, 그 출판정신은 반세기 전 범우와 함께 책을 친구 삼아 살아온 우리 독자들의 가슴 속에 영원히 아로새겨질 것입니다. 모쪼록 '범우'의 창립 이념이 이번 50주년을 기해 새롭게 되새겨지는 기회가 되기를 바라며, 범우사의 양서들을 벗 삼아 행복을 찾는 독자들이 더욱 많아지기를 기원합니다.

다시 한 번 범우사 창사 50주년을 진심으로 축하드립니다. 감사합니다.

한민족의 문화적 석간수와 마중물

김삼웅

(전 대한매일 주필·독립기념관장)

50년 세월, 범우사가 창사 50주년이 되었다. 60년대 중반 범우사가 고고지성을 울릴 때는 아직 전후의 폐허가 가시지 않은 채 군사독재의 철권통치 하에서 산업화가 추진되던 시기였다. 문화보다는 당장 의식주 해결이 시급했던 배곯은 시대였다. 시민들은 책 살 돈이 있으면 풀빵으로 허기진 창자를 달래야 했다.

그런 시대에도 문화산업은 "빵만으로는 살 수 없다"는 인간실존의 자존심에서 시작되었다. 범우사가 척박한 1960년대 중반에 출판업을 일구어 반백년의 풍상을 겪으며 외길을 걸어 오늘에 이른 것은 십지十指에 꼽힌다.

그간 식민지와 외국 군정과 백색·청색 독재, 그리고 산업화로 심신이 산성화된 이 백성들에게 문화·문명·철학·사상·종교·문학의 청신한 샘물을(그것도 값싸게), 어떤 때는 석간수가, 어떤 때는 마중물이 되었다. 이런 의미에서 범우문고가 피천득의 〈수필〉을 시작으로 39년간 총 4,500만부를 돌파한 사실은 가히 '국민기업'의 명예를 받을만하다.

뿐만일까. 지난 세월 범우사가 펴낸 각종 서책은 한 권씩 나란히 세우면 히말라야에 이를 것이고, 다리를 놓으면 태평양을 건널 것이다. 범우의 값싼

문고판은 가난한 학생들과 저임금 노동자들의 책꽂이를 장식하고, 해마다 실시하는 장학제는 흙수저를 물고 태어난 학생들에게 희망의 자양분이 되기에 충분했다.

지난 50년이 간고의 세월이었다면 현재와 미래는 인고의 세월일터, 중세 어둠을 뚫고 근대적 인류문명을 일궈온 출판문화는 영상매체에 골방으로 쫓기고, '인공지능'이라는 새로운 괴물 앞에 비키니섬의 거북이처럼 방향감각을 잃기 쉽다. 여기에 잘못된 교육정책으로 학생들은 시험준비 · 취업준비로 책을 읽지 않고, 성인들은 TV드라마와 관광으로 책을 멀리한다. OECD 국가 중 책을 가장 적게 읽고, 그래서 출판사 · 서점이 수없이 도산한다. 흔히 제4차 산업혁명 시대로 불리는 지금, 그래서 문명사적 대전환기에 범우사는 지난 세월이 그랬듯이 한 우물을 파면서 간고와 인고를 다하길 기대한다. 누가 뭐래도 활자문화는 인류사와 더불어 불멸의 알파와 오메가이기 때문이다. 범우사는 새로운 50년 그 100년사를 위해 인재를 키우고 필자를 발굴하면서 한민족의 정신적·문화(학)적 석간수와 마중물이 되길 기대한다.

성실과 신뢰

김수자

(수필가·순천 수필문학 발행인)

나는 역사가 44년 되는 순천의 돼지농장 안주인이다. 며칠 전(2016년 4월 22일)에 서울에서 묵직한 상을 받았다. 사료회사에서 전국의 1천여 개 농장 가운데에서 성적순으로 뽑아 주는 상이다. 시상식에 참석하는 기분이 남달랐던 것은 연속 7년째 수상의 영예를 이어가고 있다는 점이다. 그래서 우리 농장은 7년 연속의 특별상도 받았다. 과장이 전혀 섞이지 않은 순수한 소감은 '감동' 그 자체였다. 이게 꿈인가 생시인가? 눈앞에서 일어난 일인데도 실감나지 않았다. 농장직원들과 많은 관련업체들이 함께 노력한 결과다. 지하에 계신 조상님들도 힘껏 도왔을 게 틀림없다.

자고나면 사고가 한 건씩은 발생해서 아침을 맞는 일이 두려웠던 신혼시절이 엊그제 같다. 돈에 쪼들리고 일에 지쳤던 기억이 태산 같다. 수많은 시행착오와 좌절을 딛고 이룬 성과라 감동은 더욱 컸다. 어느 분이 "올해는 단군 이래 제일가는 호황기라면서요?" 하고 묻는다. 이 말을 액면 그대로 믿는다면 모든 돼지농장이 돈을 벌었다는 말이 된다. 유사 이래의 호황기에 얼마나 돈을 벌었는지 기록을 찾아보니 10농장 중에서 손해를 본 농장은 5군데, 현상유지 3군데, 돈을 번 농장은 2곳이었다.

출판사의 사정도 이와 크게 다르지 않을 것이다. 수많은 출판사가 등장했다가 맥없이 사라진다. 여고시절, 하늘의 별처럼 높고 고상했던 〈범우문고〉를 읽으며 문학의 꿈을 키웠다. 나이 마흔에 첫 수필집을 '범우사'에서 내고, 수필가의 이름을 알렸으며, 그 책으로 상도 받았다. 첫사랑의 순결함과 기쁨을 변함없이 유지해가는 범우사, 그 이름만으로도 성실과 신뢰를 인정받는 출판업계의 대명사다. 창사 50돌을 축하드리며 오래오래 명성을 이어가기 바란다.

'범우사'의 창사 50주년을 진심으로 축하드립니다

박 홍 섭

(마포구청장)

반세기의 시간, 문학의 부흥과 침체 속에서도 '책과 더불어 꾸준하게 한 길을'이라는 신념을 오롯이 지켜 오신 윤형두 대표님을 비롯한 범우사 임직원 여러분께 감사와 존경의 마음을 표합니다.

1966년 문을 연 범우사는 '온고지신으로 21세기를 개척해 나가자'는 모토 아래 양적·질적 성장을 거듭해왔으며, 현재 대한민국 출판문화계의 대들보 중 하나로 자리 잡았습니다.

특히 60~70년대 지성과 교양의 산물이었던 수필이 붐을 일으킨 시절, 범우사가 출간한 '에세이 문고'는 우리나라 출판문화에 큰 의미를 남겼습니다.

무엇보다 수필 문학의 가치를 새롭게 조명하는 계기를 마련해 한국 산문문학사의 새로운 경지를 일구는 데 지대한 영향을 미쳤다 할 것입니다.

또 1976년 3월, 첫 출간 당시 280원으로 기억되는 범우사 문고본은 어느 가정이나 한두 권은 소장하고 있을 정도로 인기가 많았고, 이를 통해 사람들의 일상 속으로 독서문화가 자연스럽게 스며들었던 것을 우리 모두 기억하고 있습니다.

고故 함석헌 선생은 1958년 8월, 《사상계》를 통해 '생각하는 백성이라야

산다'라는 명문을 남기셨는데, 이 생각은 독서를 통해 생겨난 창의적 발상이라 할 수 있습니다. 또한 21세기, 지식정보화시대에서 경쟁력을 키우기 위해서는 꾸준한 독서를 통해 생각의 폭을 넓혀나가야 할 것입니다. 계속된 경기불황의 그늘과 독서인구 감소로 출판업계 전체가 어려움을 겪고 있지만 이럴 때일수록 우리 모두가 독서인구 저변 확대를 위한 노력을 멈춰서는 안 되는 이유도 바로 이 때문이라 하겠습니다.

이 일환으로 마포구는 경의선 홍대입구역에서 와우교까지 이어지는 연장 250m의 '책의 거리'를 조성하고 있습니다. 오는 10월 개장을 앞두고 있는 이곳에서는 마포 관내 3,648개(2016년 1월 현재)에 달하는 출판·인쇄업체들과 연계한 좋은 책 홍보·전시는 물론 다양한 문화프로그램도 운영할 예정입니다. 이를 통해 문화의 향기로 사람들의 발길을 끌던 홍대지역이 정체성을 회복하고 출간되자마자 사장되는 책의 짧은 생명 또한 연장할 수 있기를 소망하고 있습니다.

끝으로 오로지 독서문화 증진의 한 길을 걸어오신 범우사의 부지런한 걸음이 앞으로도 계속 되기를 기대하며, 범우사의 오랜 독자로서, 그리고 윤형두 대표님의 오랜 벗으로서 항상 응원하고 지지하겠습니다. 다시 한 번 창사 50주년을 축하드리며, 〈범우사〉의 무궁한 발전을 기원합니다.

아름다운 남자

백 시 종
(소설가)

1974년이니까 42년 전이다. 나는 그때 처음 범우사를 방문했다. 세종문화회관 뒤편 길이었다. 50년대에 지어진 삼륙빌딩 3층 작은방이 범우사였다. 그 건물 안에 출판사가 여럿 더 있었다. 그 중에 '문예출판사' 말고는 지금은 이름조차 잊혀진 체 문을 닫아버린 걸로 기억된다. 하긴 70년대 왕성하게 활동하던 출판사 중에 지금도 책을 만드는 회사가 몇이나 될까.

어느 날 갑자기 우리 곁을 떠난 '삼중당'이 그러하고, '계몽사'가 그러하고 '학원사'가 그러하다. 당시 1위에서 50위까지 자리를 차지하던 출판사가 죄다 자취를 감춰 버리고 없다고 하면 누가 믿을까.

그날 내가 범우사 편집실을 방문했을 때 한참 싱싱한 30대 윤형두 사장은 모나미 붉은 볼펜을 들고 활판 교정지에 열심히 돼지꼬리를 그리고 있었다. 일단 교정지를 붙들고 앉으면 두 시간도 좋고 세 시간도 좋았다. 거의 꼼짝하지 않았다. 얼마나 그 일에 열중했으면 손님이 들고 나는 것도 인지하지 못할 정도였을까. 내가 알기로 윤형두 사장은 당신이 만든 책에 오자가 나는 사실을 제일 부끄러워하고, 수치스러워했던 것 같다.

그런 정신으로 남에게 시키지 않고, 직접 당신 손으로 책을 만들었으므로 지금까지도 범우사 책이 서점가의 서가를 오랫동안 자리하고 있는지도 모른다. 실제로 표지를 펼쳐보면 40년 가까이 나이 먹은 범우사 책이 한두 가지가 아니다. 책은 말할 것도 없고 출판사가 통째로 세상에서 없어진 경우가 태반인데, 유독 범우사만 홀로 남아 50년 대한민국 현대사를 대변하고 있는 것이다. 지금은 많이 수척해졌지만, 아직 끄덕없이 간혹 교정도 보고, 옛 동료들을 초청 점심도 사곤 하는 윤형두 사장의 깐깐한 모습을 보면 그냥 '아름다운 남자'라는 느낌뿐이다.

올해로 벌써 반세기를 맞는 범우사 창사 50주년을 축하드린다.

범우사 창사 50주년, 새 도약을 축원합니다

백원근

(책과사회연구소 대표)

범우사가 창립 반세기를 맞았습니다. 출판 선진국들에는 한 세기 이상의 역사를 가진 출판사도 적지 않습니다만, 질곡의 현대사 속에서 출판사 생존율이 높지 않았던 우리 실정에서 범우사의 50년 역사와 5천 종에 육박하는 출판 목록은 실로 대단한 기록이 아닐 수 없습니다. 그 목록 하나하나가 대한민국의 문화 발전, 그리고 독자의 정신세계에 끼친 영향을 헤아린다면 그 의미는 더욱 커집니다.

특히 '비석식 출판'의 전형을 보여준 《한국전적典籍인쇄사》를 필두로 한 거작선巨作選 시리즈, 국내 출판사 가운데 가장 이른 시기에 해당하는(한·중 국교 수교 이전부터 발간하기 시작한) 현대 중국 관련서, 최고의 고전을 최저 가격에 가장 오랫동안 공급해온 현존하는 문고본 시리즈의 대명사 〈범우문고〉, 출판 연구자를 격려하는 장학사업, 출판사 목록집의 꾸준한 제작, 독서인의 벗과 같은 《책과 인생》 월간지 발행, 매년 한 차례씩 이루어지는 《범우》지 발간에 이르기까지 범우사만의 독보적이면서도 다채로운 사업과 활동은 언제부터인가 우리 출판계의 특별한 자부심으로 여겨져 왔습니다.

그래서 범우사의 행적은 '출판사'의 가치를 사회적으로 크게 확장시킨 표본이었습니다. 여기에는 사람과 책을 귀하게 여기고 애서가 정신을 묵묵히 실천한 범우 윤형두 선생님의 출판 철학과 인생이 고스란히 녹아 있었다고 생각합니다.

출판산업은 이제 디지털 패러다임 전환기에 처하여 특성화된 혁신과 네트워킹 역량이 중시되고 있습니다. 출판환경은 달라졌지만 출판의 중요성과 가치는 오히려 커지고 있습니다. 산업화 시대의 반세기 동안 온축된 범우사의 유형, 무형의 자산을 밑거름으로 삼아 '디지털 범우사'의 새로운 시대가 열릴 것으로 기대합니다. 바라건대 앞으로의 반세기 동안에도 꾸준히 성장과 진화를 거듭하며 한국을 대표하는 출판문화 기업으로 발전하기를 진심으로 축원합니다.

범우사 창사 50주년을 기념하여

부 길 만

(동원대 교수·광고편집과)

범우사 창사 50주년을 축하합니다.

범우사가 창립된 1966년의 한국은 경제적 문화적으로 매우 낙후한 시기였습니다. 그 해 1인당 국민소득은 126달러였고, 신간 발행종수는 3,104종에 불과했습니다. 1960년대 이후 지속된 산업화의 결과 오늘날 국민소득은 3만 달러에 육박하고, 연간 발행종수도 5만을 넘고 있습니다. 지난 50년 동안 한국의 민주주의도 신장되었고, 국력 또한 놀랄 정도로 커졌습니다.

범우사 역시 지난 50년 동안 크게 발전하였습니다. 그 발전은 양서 출판을 통하여 한국의 산업화와 민주화에 기여하며 이루어낸 결과라는 데에 소중한 의미가 있습니다. 1960년대 한국 출판은 침체기였고, 도서유통도 전집물 중심으로 이루어지던 시기였습니다. 그러나, 범우사는 어려운 시기에 전 국민에게 좋은 책을 보급하겠다는 과감한 의욕으로 문고와 단행본 출판에 앞장서서 뛰어들었습니다. 나아가 소외된 지역에 책 보내기 운동, 독후감 공모 등 다양한 활동을 전개하며 독서 진흥에도 많은 공헌을 하였습니다.

범우사는 연륜이 쌓이며 우리 국민들에게 매우 친숙하고 호감있는 이미지로 각인되었습니다. 1990년대 중반 범우사에서 기획자로 일할 때 이러한 범우사의 이미지를 실제로 느낄 수 있었습니다. 당시 최고의 인기인들을 월간 《책과 인생》의 필자로 기꺼이 받아들일 수 있었는데, 그 이유는 《책과 인생》이 범우사에서 발행하는 잡지였기 때문이었습니다.

범우사는 한국출판학회 학회지인 《출판학 연구》를 1980년대 초반부터 꾸준히 발행함으로써 출판학의 발전에도 이바지하였습니다. 1980년대 후반 뒤늦게 출판학을 전공한 저도 《출판학 연구》를 읽으며 공부했고 논문을 게재했으며 편집에 참여하는 기회도 가질 수 있었습니다.

또한, 범우사는 거작선을 기획하여 《한국의 고지도》 《한국전적인쇄사》 《겸재정선 진경산수화》 등등 문화재와 같은 책들을 발행하며 한국 출판의 자존심을 크게 높여주고 있습니다. 범우사가 계속 번창하여 민족문화 창달에 기여하기를 기원합니다.

큰사람 큰자취

송 영 무

(전 순천대학교 총장)

범우사 창사 50주년을 축하합니다.

전쟁의 후유증으로 인해 사회가 혼란스럽고 인문과 교육의 분위기가 몹시 열악했던 1966년, 범우사가 설립되었습니다. 하지만 범우사는 지난 50년 간 우리 사회의 한 축이 되어 시대의 발전과정을 지켜보았으며, 그 희로애락을 민중들과 함께 해왔고, 더 나아가 미래를 향한 이정표를 제시하려 애써왔습니다. 누구보다도 다양하고 폭넓은 양서를 출간하여, 현대 세대에게 문화적 소양과 이념적 밑바탕을 형성하도록 든든하게 뒷받침해 주었습니다.

그런 의미에서 범우사가 겪은 1971년 월간지 《다리》의 필화사건은 범우사의 성격과 위상을 자리매김하는 데 매우 상징적이라고 할 수 있습니다. 지식 기반의 한 축으로서 사회적, 정치적 요구를 외면하지 않고 적극적으로 부응함으로써 범우사는 자신의 특성과 역량을 성장시켜왔습니다. 이렇게 묵묵하게 자신의 사회적 소임을 수행해온 결과, 범우사는 나이 든 기성세대나 신진세대 모두에게 친근한 벗과 같은 출판사로 인식되고 있습니다. 범우사에서 출간한 많은 양서들이 우리 사회와 국가의 귀한 지적 자산으로 남아 있다는 것을 누구도 부인할 수 없습니다.

범우사가 우리 사회에 이렇게 큰 자취를 남길 수 있었던 것은 그 뒤에 큰 사람이 있었기 때문입니다. 바로 윤형두 회장입니다. 윤형두 회장은 힘든 유소년시절을 겪었습니다. 그 어려운 시절에 얻은 것이 "꾸준하게 한 길을 간다"는 것이었습니다. 이후 이 '꾸준한 한 길'이 책을 만나면서는 "책과 더불어 꾸준하게 한 길을 간다"로 바뀌었습니다. 이 신념에는 장인 정신과 선비 정신이 깊이 배어 있습니다. 이렇게 한 길을 꾸준하게 걸어, 그 많은 사상서, 문학서 등의 지적, 정서적 양식을 우리에게 제공해 주었고, 이는 우리 사회가 성장하는 데 큰 자양분이 되었습니다.

윤형두 회장은 경제적 이익을 사회에 환원하는 일에도 주저하지 않았습니다. 일일이 열거할 수 없지만, 특히 후학들에게 양서를 보급하기 위해 순천대학교에 〈윤형두 문고〉 설치를 비롯하여 다양한 나눔 활동으로 상생의 정신을 실천하고 있습니다. '돈 되지 않는 책'을 다량 출간하여 사회에 보급하는 일이나, 상해 임시정부 자리에 〈범우사 문고〉를 설치하여 역사적 현장을 보존하는 것은 현 시대의 귀감이 되는 '큰 사람 윤형두'의 모습 그대로입니다. 이러한 윤형두 회장과 함께 하는 범우사가 50년이 되었습니다. 마음 깊이 기뻐하며 축하 인사를 드립니다. 앞으로도 윤형두 회장과 함께 우리 사회에 큰 덕을 나누는 범우사의 역할을 빌어마지 않습니다. 감사합니다.

그저 행복만 하세요

심우성

(민속학자)

어언 20여 권의 소중한 책만 간행한 출판인 윤형두 선생.

종합출판 범우사를 창립한 것이 1966년 8월이라니 벌써 50주년, 반세기가 되는군요. 힘도 많이 들이셨고, 고생도 많이 하는 것을 그저 힘없는 저는 곁에서 구경만 했으니 민망하기만 합니다.

1971년 2월로 기억합니다. 앞서갔던 월간 《다리》의 필화사건으로 한때 투옥이 되었는가 하면, 어찌 나와서는 속 깊은 수필집을 연거푸 간행했었지요. 1987년인가 〈민족문학작가회의〉를 창립할 때 큰 동지가 되었는가 하면, 이어서 월간 《역사산책》을 발행했습니다. 또 '한국출판학회' 회장이 되셨습니다. 대통령 표창도 있었습니다. 이제는 세월도 가서 범우사 하면 《책과 인생》이 '인생과 책'으로 통하게 되었습니다. 윤형두 선생은 서울시 문화상, 국민훈장 석류장, 보관문화훈장, 한국출판문화상(백상특별상) 등 큰 상도 많이 받으셨습니다. 1997년에는 계간 《한국 문학평론》을 발행하셨습니다.

2015년 1월 《세계인명사전》(마르퀴스 후즈 후, 월드판)에 출판 및 교육 분야에서 탁월한 업적을 인정받아 아홉 번째로 등재되기도 했습니다.

윤형두 선생, 낳으신 곳은 일본 고베인데 자라신 곳은 남도 여수 순천이고, 젊어서 한때《다리》지 관계로 김대중 전 대통령과도 인연이 깊다고 들었습니다. 역시 건강하시고, 책과 관계있는 일이면 그저 마음껏 만드시고 저질러 보세요.

치우치지 않는 중용정신

윤금초

(《정형시학》 발행인·민족시사관학교 대표)

맹자에 버금가는 거유巨儒로써 성악설을 주창한 순자荀子의 어록에 '만즉복滿則覆'이란 말이 있다. 그릇에 물이 가득 차면 뒤집힌다는 뜻이다. 공자가 노나라 환공桓公의 사당에 들렀을 때 그릇 하나를 발견했다. 그릇은 환공이 생전에 항상 곁에 두고 아끼던 유좌지기宥坐之器(宥는 右와 동의어)였다.

환공은 자신이 교만에 빠지는 것을 경계하기 위해 항상 이 그릇을 곁에 두고 반성하는 지표로 삼았다고 한다. '유좌지기'는 물이 없어 텅 비어있을 때는 기울어지고, 반쯤 차면 반듯해지고, 가득 차면 뒤집히고 마는 희한한 그릇이었다. 즉 세상 이치는 너무 비어도 기울어지지만 넘치도록 차도 또한 뒤집히고 마는 것이다. 필자는 중정中正을 좋아한다. 중정은 중용中庸과도 같은 것이어서 과불급이나 어느 한쪽으로 치우침 없는 곧고 바르다는 의미이다.

문학 및 인문학 관련 서책書冊을 줄곧 꾸려온 범우사가 창사 50주년을 맞이한다고 한다. 그동안 내로라하는 출판사들이 간판을 걸었다 내리는 등 부침이 극심했던 게 사실이다. 범우사 윤형두 회장은 일찌감치 순자가 말한 '만즉복'을 터득한 것일까. 어느 한쪽에도 치우치지 않는 그는 열악한 출판시장의 거친 파고를 헤쳐 나오는 천부적 '근성'을 타고난 분이 아닌가 싶다. 어느 한쪽으로 치우치지 않는 기획·편집·경영 3박자 시스템을 절묘하게 조화시켜온 것이 장수長壽의 비결일 터이다.

산업화와 민주화, 정보화를 거치면서 우리에게는 '통합의 DNA'가 살아 숨쉬고 있는 것이다. 정보통신 환경의 혁명적 변화, 날로 옹색해져가는 출판문화 풍토의 절망적 변화 속에서 우리 출판사들이 살아남기 위해서는 기존의 발상법을 과감하게 깨뜨리는 '파괴적 혁신(destructive innovation)'이 무엇보다 필요한 때라고 본다. 변화와 혁신이 절실한 지금이야말로 수처작주隨處作主— 어디서든 주인의식을 가져야 할 것이다. 변화와 혁신이 절실한 요즘 출판사들도 수처작주의 자세로 미래를 준비하고 다가올 시대를 대비할 때가 아닌가 싶다. 그러므로 패러다임의 전환이 급박한 시점이라고 생각한다. 살아있는 생물과 같은 출판 산업도 꾸준히 진화를 거듭해야 한다고 생각한다.

자기만이 옳다고 외치는 소리가 와글거리고, 건강한 객관보다 개인의 주관이 우선하는 포스트모더니즘도 이제 비리고 비린 개념이 되고 말았다. 신사가 아무리 좋은 옷을 입고 지나가더라도 구두 굽에 오물이 묻어 있으면 똥파리가 꾀기 마련이다. 내가 존경하는 윤형두 회장. 그리고 범우사는 '만즉복'의 지혜를 살려 앞으로도 '치우침 없는 출판'을 너끈히 해내리라고 믿는다.

범우사 50년은 연구와 감사의 대상

윤 세 민

(한국출판학회 회장 · 경인여자대학교 교수)

범우汎友는 "친구를 널리 좋아한다"는 뜻이다. 참 좋은 단어다. 그 단어가 한 출판사의 이름이라면 더할 나위 없이 좋을 것이다. 왜? 이 세상에 친구같이 좋은 것이 바로 '책'이기 때문이다. 종합출판 범우사가 바로 그런 출판사이다. 워낙 친구를, 사람을, 책을 좋아했던 범우 윤형두 선생님이 그런 뜻을 담아 창립한 출판사가 바로 범우사이기 때문이다.

범우사는 1966년 창립 이래로 우리 출판사에 길이 남을 만한 역작들을 줄곧 출간해왔다. 이미 1970년대 초반에 "2000년대를 향하여 꾸준하게 양서를!"이란 캐치프레이즈를 내걸고 우리나라 출판문화의 이정표를 세우기 위한 지난한 작업을 쉴새없이 해왔다. 그런 범우사가 어언 창사 50주년을 맞았다. 정확히 반세기이다. '출판의 위기'라는 오늘날, 정말이지 놀라운 일이요 축하를 넘어 경하를 드릴 '쾌거'라고 생각한다. '출판'을 사랑하고 연구하는 출판학회 회장으로서 범우사의 존재는 실로 연구의 대상이요, 고마운 대상이 아닐 수 없다.

"책으로 둘러싸인 공간은 죽음의 공간이 아니며, 멈춤의 공간이 아니다. 그것은 삶의 공간이며 활동과 재생산의 공간이다. 잠시의 휴식도 생명을 불어넣은 시동을 위한 충전의 순간이다. 공간은 무한하다. 그 속에서 책과 더불어 사는 유일한 삶의 값진 보람을 찾는다."

범우사 창립자인 범우 윤형두 선생님의 수필 〈책이 있는 공간〉의 한 대목이다. 바로 출판인 윤형두의 삶을 대변해준다 하겠다.

아직도 청춘으로 올곧은 출판의 길을 가는 범우 선생님과 범우사의 앞날에 무궁한 축복이 있기를 기원한다!

사회교육의 역할을 다 하는 범우

이 성 호

(한양대 명예교수·영문학)

범우는, 진달래가 산비탈에서 쉰 번이나 피고 진 지난 반백 년 동안, 오로지 사람들의 벗이 되기로 한 길을 걸었다. 그간의 풍상이 어찌 거칠지 않았겠으나 이를 마다 않고 멀리 가까이에 있는 '너와 나'를 하나로 모아 '우리'로 만드는 일에 앞장섰다. 그리고 그 우리들을 '우리답게' 만드는 일에도 앞장섰다.

이는 아무나 할 수 있는 범사가 아니다. 범애와 같은 넓은 도량이 있어야 가능하다. 이를 반드시 박애와 같은 종교적 헌신이라고 말하기보다는 차라리 범애주의와 같은 교육적 자세라고 할 수 있다. 교육은 일차적으로 지식을 전수하는 일이지만, 보다 중요한 것은 사람을 성숙하게 만들어가는 일이다. 범우는 이런 일들을 진지하게 해냈다.

그러니까 먼저 우리들에게 인류의 지적 자산을 만나는 길을 터준 셈이다. 가령, 범우문고는 동서양의 사상과 문학을 소개함으로써 세계의 문화를 통시적으로 볼 수 있는 안목을 우리에게 열어주었다고 할 수 있다. 그리고 젊은 학생들을 위해 비평문을 단 세계문학을 소개했다. 중등학생 대학생 일반인으로 나누어 독후감을 독려하고 시상했다. 뜻있는 젊은이들을 위해 장학금을 지급하기도 했다. 이런 모든 일들은 교실교육을 넘어서는 사회교육이라는 큰 틀에서 이루어진 업적이다. 교육은 가정과 학교와 사회가 함께 이루어나가야 하지만, 특히 "요람에서 무덤까지" 자신을 가꾸어나가는 평생교육의 한 축으로서 출판교육이 크게 강조될 필요가 있다. 이런 일련의 역할이 더욱 기대되기도 한다.

앞으로도 범우는 모든 사람의 좋은 벗으로서 사회 교육적 역할수행에 더욱 정진할 것을 확신한다. 건승을 기원한다.

천년의 역사로 뻗어 나가기를…

이승우

(전 출판저널·역사산책 주간)

나는 망구望九의 나이에도 지나온 세월에 대한 회한悔恨과 미련을 떨쳐내지 못하고 있다. 돌아보면 후회되는 일이 한두 가지가 아니지만, 특히 후회스러운 것은 30여 년간 출판저널리즘에 종사했으면서도 정작 자신의 저서 한 권 못 남기고 그렇게 꿈꾸던 출판사업에 손도 대보지 못한 일이다.

1975년엔가, 용산구청에서 '역사춘추사'란 출판사 등록을 하고 사무실까지 차린 적이 있었다. 그 무렵엔 학계의 한국사 연구 붐에 발맞추어 '역사지식의 대중화'란 테제가 시대적인 당위로서 받아들여지던 분위기였기에 대중을 위한 역사교양서 출판과 잡지 발행을 계획했던 것이다. 그런데 훗날 범우사와의 인연이 나의 오랜 숙원을 풀어주었다. 1990년 가을, 윤형두 형과 의기투합하여《역사산책》이란 월간지를 창간하게 된 것이다.

나는 어떤 길이든 평생 외골수로 한 우물을 파는 사람을 존경한다. 50년이란 인고忍苦의 세월을 감내하기란 아무나 할 수 있는 일이 아니다. 윤형두 형은 출판인에 그치지 않고 출판학자에, 수필가에, 또 산악인으로 광폭廣幅의 행보를 보여왔다. 안으로는 한국출판학회를 이끌고, 밖으로는 출판문화의 국제교류에도 남다른 열성과 경륜을 펼쳐 보이고 있다. 게다가 개인 저술著

迹도 괄목할 만하다. 어찌 존경스럽고 부럽지 않으랴!

범우사의 창사 50주년을 축하한다. 아울러 앞으로 한 세기를 넘어 천년의 역사로 뻗어나가기를 충심으로 기원한다. 또한 창업자인 윤형두 회장과 윤재민 사장의 건투를 빌고 싶다.

물질문명 시대에 정신개벽을 위한 산물

이요섭

(시인·한국사립박물관협회 자문위원)

어렸을 때부터 책을 가까이 하면서 살았다. 초·중등 시절에 도서실장을 하기도 하고 자유교양(고전 읽기) 경시대회에 참가하기도 하였다. 고등학교 시절에는 책값 싸고 들고 다니기 쉬운 범우 문고본을 많이도 읽었다.

대학시절에는 어느 교수님께서 서점에 데려가 사주신 책이 바로 범우사에서 간행된 《그리스 로마 신화》였다. 등장하는 신들이 신발가게 신보다 많아 외우기도 어려웠지만 시를 쓰려면 몇 번이고 읽어야 한다고 하셨다. 대학 4학년 때에 전기가 들어온 산골에서 살다 보니 남폿불 밑에서까지 오직 책하고 노는 게 다였다. 그래서 일찍이 시인이 되었는가 싶다.

나도 커서 어른이 되면 출판사를 운영하고 싶었다. 좋은 양서를 펴내 모든 사람들에게 지식을 제공하는 직업이야말로 최고라고 생각했다. 그래서 첫 직장부터 단행본을 만들고 잡지를 만드는 데 취직하였다. 그 뒤로도 10여 년간 책 만드는 일을 하였다. 그러나 너무 힘든 일이었다. 가독성 있는 책을 만드는 일뿐만 아니라 서점을 관리하여 한 권이라도 더 판매해야 하는 일은 마치 도박같은 일이었다. 하루에도 출판사 수십 개가 생기고 문 닫는 일이 지금까지 지속되고 있다. 그런데 종합출판 범우사는 50년 동안 무려 수천 종류의 책을 출판하였다. 믿어지지 않을 정도이다. 이는 윤형두 회장님의 책에 대한 집념이 강했기 때문이다. 윤형두 회장님의 저서 《책의 길 나의 길》, 《책이 좋아 책하고 사네》를 읽어보면 인동초보다 강한 의지와 희망으로 온 몸이 중독되었음을 알 수 있다.

일제시대 암흑 세상을 벗어나기 위해서는 출판문화운동을 통해 정신개벽을 해야 한다는 천도교의 사상이 생각난다. 천도교는 수십 종류의 잡지를 창간하고 단행본과 교과서, 신문을 발간하여 보급하였다. 발행금지 등 출판 탄압에도 굴하지 않고 일제와 맞서 싸웠다.

이제 출판은 물질문명이 급속도로 발전하는 세상에서 정신을 개벽하여 상호 공존의 시대로 맞춰가는 산물이라고 생각한다. 범우 50년은 한국동란 이후 60년대부터 우리 국민의 정신개벽을 위해 수많은 풍랑을 극복해 냈으며, 한국 출판의 역사에 큰 산을 이루고 있다고 할 것이다. 범우 창사 50주년을 축하드린다.

묘목에서 거목이 된 세월

이정림

(수필가·《에세이21》 발행인 겸 편집인)

20대 때 나는 광화문에 자주 갔다. 광화문의 크라운제과를 끼고 옆 골목으로 들어가면 삼륙빌딩이 나온다. 그 건물 2층인가 3층에 범우사가 있었던 것이다. 그때 범우사는 책 몇 권을 겨우 낸 신흥 출판사였다. 범우사 사장님을 나는 '주간님'이라고 불렀다. 1967년, 내가 《신세계》 잡지의 취재 기자로 들어갔을 때 선생이 그 잡지의 주간이었기 때문이다.

그러나 선생은 그 당시 갓 창업한 '범우사' 일로 정신이 없었다. 범우사에서 처음으로 낸 책은 《사향思鄕의 염念》이라는 수상록이었는데, 필진으로 양주동 같은 분이 있었다 해도 순수 문학서는 아니었다.

그런 얼마 후 청년 시절의 인연으로 김대중 선생의 저서 《내가 걷는 70년대》를 출판했는데, 그 책은 정치적인 이유로 판매금지 조치를 당했다. 그로 인해 선생은 수사 당국의 감시 대상이 되어 한동안 몸을 숨겨야 했는데, 때마침 월간 《다리》지 필화 사건에 연루되어 기어이 형무소에 수감되는 불운을 겪어야 했다. 범우사가 겪는, 아니 인간 윤형두 선생이 겪는 그런 수난의 역사를 가까이에서 지켜보았지만, 나는 어디까지나 아웃사이더였을 뿐이다.

작은 묘목에 주인이 정성스레 물을 주어 키워 온 범우사가 어느 사이 우람한 나무가 되어 수령樹齡 50년을 맞는다. 그 옛날 선생의 어머니는 아들이 고향 돌산의 면장이라도 되어 금의환향하기를 바랐다. 그리고 선생의 어렸을 때 꿈은 소박하게도 목장 주인이 되는 것이었다.

이제는 면장도 목장 주인도 될 수 없지만, 출판인의 길을 걷다가 출판인으로 종신終身하고 그렇게 땅에 묻히기를 바라던 소원이 이루어지게 되었으니, 여기서 더 무엇을 바라시겠는가.

선생님 책으로 살아갑니다

이 태 주

(공연예술 평론가 · 전 단국대 교수)

나는 범우사와 셰익스피어 책을 내면서 인연을 맺었다.

50년을 맞이하여 윤형두 회장에게 입은 은혜에 대해서 감사하고 싶다. 또한 나의 책을 꼼꼼하게 살피고 아름다운 책으로 만들어주신 김영석 실장과 편집사원들에게 감사드린다.

50년의 격동기 세월을 이겨낸 범우 출판사의 힘은 어디서 나왔는가. 나는 그 힘이 윤형두 회장이 필자를 만날 때마다 "선생님 책으로 출판사가 살아갑니다"라고 내 손을 붙들고 고마워하신 그 심정, 그 사상에서 나왔다고 생각한다. 그 인사는 나뿐이겠는가. 모든 필자들에게 한결같이 하신 말씀이 아니었겠는가. 이토록 필자를 위하고, 고마워하고, 격려하는 겸허한 마음, 그 건강한 정신에서 나왔다고 생각한다.

나는 지금 50년 범우를 위해서 무엇을 할 수 있는가 생각해 본다. 그래서 시작한 일이 〈원문과 함께 읽는 셰익스피어 소네트〉이다. 2016년 윌리엄 셰익스피어 서거 400주년을 동시에 기념하는 책이 될 것이다.

범우 50년과 출판인 윤형두

임 헌 영

(문학평론가·중앙대 교수)

책과 더불어 살아온 내가 책을 떠난 나의 삶을 가끔 꿈꾸곤 한다.

그러나 곧 그것은 분명 유혹이요 자기를 잃어가는 것임을 깨닫는다.

그 깨달음 다음에 나는 나의 좌우명인

'책과 더불어 꾸준하게 한 길을'이라는 다짐을 새로이 한다.

— 윤형두《책의 길 나의 길》

1. 방황의 한 가운데서 출구 찾기

1965년 여름, 서른 살의 꿈이 단단하게 익어갈 무렵 윤형두 청년은 절친한 사이인 문동지와 동업으로 동대문 대학천의 삼우당 서점을 경영하고 있었다. 이미 그 연배에 어울리지 않을 만큼 한국 현대사의 산전수전을 현장에서 겪은 윤형두에게 "제법 큰 삼우당 서점을 경영하는 재미가 쏠쏠"했다. 그런데 막역한 벗 김상현이 서대문 갑구의 국회의원 보궐선거에 출마코자 야당인 민중당에 공천 신청서를 냈으니 김대중 선생에게 되도록 해달라는 닦달이었다. 사람 좋은 그는 "김상현을 공천해줘도 선거자금이 없어 안 될 텐데…"라는 김 선생의 회의론에 윤 청년은 "공천만 되면 그 책방을 팔아서라도 돈을 댈 테니 걱정 마십시오"라고 임기응변으로 둘러댔는데, 어쨌든 김상현 후보는 공천을 받았다. 졸지에 선거판에 몰린 윤 청년은 애지중지하던 서점을 동업자에게 넘겨버리고 선거 업무와 회계까지 떠맡아 뛰었고, 당시의 한국 의정사상 최연소로 김상현 의원은 당선되었다.

그러나 친구의 영광 이후 윤 청년이 당면한 것은 당장 먹고 살아가는 문제였다. 궁여지책으로 일일 학습지를 제작 배달하던 지구문화사의 고용 사장이 된 그는 아무래도 자신의 길을 찾아야겠다는 각오로 대한문교사라는 출판사를 등록(1966. 8. 6), 더부살이를 하며 원광대 안영근 약학과 교수의 《식품방부제론》이란 저서를 낸 이후 출판사 이름을 범우사로 개칭했다(1967. 6. 30).

"범우사는 친구를 널리 좋아한다는 뜻에서 지은 이름이었다. 나는 친구를 좋아했다. 어머님의 '부모를 팔아 친구를 사라'는 교훈 탓인지 모르지만 어릴 때부터 내 주변에는 친구들이 꼬였다. 그래서 책방이나 출판사 명칭에는 꼭 벗 우友자를 썼다. 나는 성공 중에서도 가장 큰 성공은 재물이나 지위보다 좋은 사람을 얻는 것이라 여겨왔다."

1966년, 윤형두 사장이 31세 때(정확한 생일은 1935. 12. 27, 음력 동짓달 보름 오전 10시)였다.

5·16 군사쿠데타 세력이 제3공화국 정권으로 변신하여 출범한 지 3년째인 이 무렵의 한국은 분단이후 엄청난 사회적 격변이 진행되던 시기였다. 한·일협정과 월남파병(둘 다 1965년)으로 신 중산층이 대두하면서 우리 사회는 본격적인 주간지의 등장과 이에 따른 저급한 대중문화의 확산, '마이 카'라는 술어의 등장, 골프 선망 등등으로 알 수 있듯이 이른바 김지하가 담시 《오적五賊》(1970)에서 풍자했던 군사정권에 의한 신악新惡이 팽배하던 시대였다. 물론 경제개발 5개년 계획에 의한 근대화가 추진되긴 했으나 실패만 거

듭했던 시절이라 윤 사장의 수필 곳곳에 보이는 '찌든 가난'이 일상화되어 있었던 때였다.

출판사를 등록하고도 윤 사장은 월간 《치계齒界》 편집장, 월간 《신세계》 주간 등을 지내며 웅지의 나래를 펼 순간을 준비하고 있었다.

이 각고의 시절 낳은 범우사의 첫 출간 단행본은 《사향思鄕의 염念》(1967. 12. 10)이었다. 양주동, 최기철, 이어령, 박노식, 조남철, 유세환, 김대중, 양정규, 김상현 제씨의 수필 모음집이었는데, 서문의 "먼 곳을 널리 보려면 독수리 같이 높은 하늘을 힘차게 날지 않으면 안 된다"는 구절에서 범우사의 심벌마크인 독수리가 탄생되기도 했다(이상 《한 출판인의 자화상》 참고, 인용).

왜 하필 이때 윤 사장은 다른 유망 직종을 젖히고 출판에 손을 대기 시작했을까. 이 무렵의 꿈을 윤 사장은 수필 〈생의 여울에서〉, 〈아는 길을 걷겠다〉, 〈회상〉(이상 모두 윤형두 화갑기념 자전 에세이 《아버지의 산 어머니의 바다》, 범우사, 1995, 수록. 이하 별다른 전거가 없는 글은 다 이 책에서의 인용임) 등에서 소략하게 밝혀주고 있다. 친구의 동생이 경영하던 학습지 출판사의 월급쟁이로 있으면서 출범한 범우사에 대하여 윤 사장은 "작가가 되지 못한 꿈을 문인들의 작품집을 출간하면서 달래어보고, 학자가 되지 못한 한을 명저 등을 출간하면서 풀어보려고 어렵게 험준한 출판사업을 시작한 것이다"고 했다. 옛일이니까 이렇게 담담할 수 있지만 사실 이 무렵까지 윤 사장의 인생행로를 되짚어보면 범우사란 간판을 올린 것은 그의 원대한 포부의 첫발임을 알 수 있다.

2. 이민족 속에서 깨우친 민족의식

30세까지의 인간 윤형두에 대해서는 그 자신의 기록에 의존하는 수밖에 없는데, 다행스럽게도 그는 화갑 기념 에세이에서 그 모든 것을 진솔하게 털어놓아 주변사람들의 궁금증을 풀어준다. 그가 태어난 곳은 일본 고베(神戶)로 지금 산노미야(三宮)역 부근의 바다가 보이는 이층집이었다. 기록에 의하면 그의 아버지는 고향 돌산 은적암隱寂庵에서 학승으로 있기도 했지만 '방랑벽이 심했던 분'으로 "한국에서 정처 없이 떠돌아다니시다 일본으로 건너 가서서는 그곳에서도 역시 떠돌이 생활을 계속하시다가 서른이 되어서야 고베라는 곳에 잠깐 정착을 하시면서 어머님과 결혼"한 것이다. 어머니는 "현해탄을 건너온 사진 한 장을 보고 아버님과의 혼약을 결정"하고는 결혼, "육지를 한 번 밟아보지 못한 섬 처녀는 아버님을 따라 여수항에서 연락선을 타고 현해탄을 건너 일본에 가셨다."

당시 그의 아버지는 '선반기 한 대와 자전거포를 겸한 공장'(다나카 철공소)을 경영했는데, 그나마도 어머니에게 맡기고는 일본 각지를 방랑하다 위장병을 얻어 귀가했다. 마침 "어머님의 외삼촌 되시는 분이 일본여자와 결혼하여 도쿄에서 살고 계셨는데 그분의 덕으로 일본 제2육군병원에 청소도구를 납품할 수 있는 이권을 얻게 되어" 윤씨 일가는 가나가와(神奈川)현 사가미하라(相模原)란 곳으로 이사, 윤 사장은 거기서 '국민학교' 3학년까지 다니게 되었다.

조선인은 하나뿐으로 일본 아이들로부터 마늘과 김치냄새가 난다고 아무도 짝이 되려하지 않았던 건 당시 누구나 겪었던 설움인데, 윤 사장은 "그 분풀이로 일본 아이들과 싸우고 그들의 신을 모시는 진자(神社) 지붕 위에 방뇨를 하는 등 소란을 피우기도 하였다. 그래서 나에게는 일본인에 대한 적개심 같은 것이 항시 잠재되어 있다"고 회고한다.

소년기의 이 원체험은 윤 사장의 생애에서 매우 중요한 예후가 되는데 그것은 여순사건을 비롯한 민족분단 시대를 살면서 '민족'에 대한 체질적인 동질감을 지탱시켜 주도록 만든 계기가 되었다. 70년대 후반 쯤 국제 펜클럽 회원들이 함께 한 전방 땅굴 시찰 때 윤 사장은 귀경 길 버스에서 나에게 슬그머니 돌 한 개를 내보였다. 우리 땅 어디서나 흔히 볼 수 있는 돌멩이 하나여서 나는 대수롭지 않게 보아넘기려는데, 그는 "이게 바로 북녘 땅의 돌입니다. 내가 태어나서 북한 땅을 직접 대하기는 이게 처음입니다"라며 감격스럽게 이야기했다. 듣고 보니 슬그머니 부아가 치밀었다. 똑같이 땅굴 속으로 들어갔다 나왔는데 그새 땅굴 속에서 북방 한계선을 차단시키고자 막아둔 돌덩이에서 어떻게 경비병들의 눈을 피해 돌 한 개를 가지고 나왔는지 모를 일이다 싶어 그 소매치기 솜씨에 샘이 났다. 하지만 그보다 더 심통 사나운 것은 분단문제라면 아무래도 내가 더 고뇌하던 주제가 아닌가 싶었는데, 정작 그런 현장에서 분단의 아픔을 육화시키는 기교에서 뒤졌다는 생각 때문이었다. 훨씬 나중 일이지만 그는 백두산에 가서도 어찌어찌하여 돌을 가져온 것으로 알려져 있다.

물론 이런 것을 사소한 일로 치부해 버릴 수도 있다. 그러나 윤 사장이 여순사건과 한국전쟁을 어떻게 조신하며 넘겼는지를 안다면 이게 예삿일이 아니란 걸 감지할 수 있다. 더구나 범우사가 분단문제에 어떻게 대처해 왔느냐는 점까지 고려한다면 그의 민족의식의 뿌리와 향방을 이해하는데 도움이 될 것이다. 바로 가나가와에서의 '초등학교' 3년까지 겪었던 차별대우의 원체험이 그의 뇌세포에 각인된 것이 오늘의 윤 사장의 민족의식의 원천이 아닐까 생각하는 소이연이다.

1944년 윤 사장의 아버지는 일제의 패망 기미를 눈치챘을 뿐만 아니라 격심해져 가는 미군기의 폭격을 피해 귀국이라는 결단을 내린다. 번창해 가던 사업을 버리다시피 하고 귀국길에 오른 윤씨 일가는 순천시 별량면에 자리를 잡았고, 윤 사장은 그곳 구룡역에서 벌교 남국민학교로 기차 통학을 하였다. 해방 후 윤씨 일가는 여수에서 노 젓는 나룻배를 타고 20여 분쯤 가면 닿을 수 있는 '돌산突山'이란 섬의 '나룻곶이'에 터를 잡는다. 30여 호도 되지 않는 이 마을에서 윤 사장은 여수 서국민학교를 거쳐, 낮에는 조선소에서 잔심부름을 해주고 밤에는 공부를 하고자 섬마을에서 나룻배를 타고 여수로 건너가 야간 중학에 다녔다.

귀국 후 아버지의 건강은 더욱 악화되었는데 거기에다 손댄 사업마다 잘되지 않아 고생하다가 1946년 타계하여 어머니가 수산업에 손을 댔다가 실패, 집안이 어려움에 닥쳤다. 윤 사장은 "홀몸이 되신 어머님은 손재봉틀로 삯바느질을 하거나 조선소에 배를 고치러 온 사람들의 밥을 지어주는 일 등으로 간신히 어려운 살림을 꾸려 나가셨다"고 썼는데, 이런 환경 속에서 그는 용케도 순천농림중학교(1951), 농림고교 축산과를 졸업(1954)했다. 축산에 대한 꿈에 부풀기도 했지만 그럴만한 땅도 재원도 없었던 그에게는 실의와 낙담 속에서 새 진로를 찾고자 상경(1955), 동국대 법학과에 입학하는 한편 월간 《신세계》 편집부, 월간 《고시계》 편집장 대리 등등 닥치는 대로 여러 직종에 투신하게 된다. 그러던 중 월간 《법제》 편집장, 입대(1958), 제대(1960), 그 후 시골에서 축산사업을 하려고 손대고 있을 때 4월 혁명이 일어난다.

그래서 돌산 섬사람 윤형두에게도 행운의 길이 트일 기미가 있어 집권 민주당보 《민주정치》의 편집 일을 맡게 되었는데, 이 무렵 야당 정치인들과 긴밀해지게 된다. 인간 윤형두에게는 인생의 진로가 순조롭게 풀릴 수 있었던 바로 이 시기에 5·16 쿠데타가 발발했고, 그는 유혹의 손길에도 불구하고 피신하여 동대문 뒷골목에서 헌책방 점원으로부터 시작하여 차근차근 기초를 쌓아 삼우당 서점 경영을 거쳐 도서출판 범우사를 창립했다.

이 각고한 시절의 고생담은 김상현 의원의 〈함께 걸은 40년〉과 정을병의 〈성공한 출판인, 아직도 시간은 많다〉(모두 윤형두 선생 화갑기념문집 《한 출판인의 초상》, 범우사, 1995, 수록)에 잘 나타나 있다. 이 글에 의하면 그 어려웠던 시절에 윤 사장은 친구들의 후원자이자 보호자 역할을 착실히 해주었는데, 인간의 운명은 이상하여 그런 위치가 지금도 계속되고 있는 것 같다. 정말 인간은 주는 사람과 받는 사람이 따로 있는 것인가 하는 생각이 윤 사장을 대할 때마다 들곤 하는데, 그 출발점이 아마 그가 가장 어려웠던 시절에 시작되었다는 것을 알면 인생이 더욱 재미있게 여겨진다.

이 청년기에 윤형두는 적어도 민주주의와 사회정의에 대하여 투철한 신념을 지니게 된 것 같다. 그는 민주당 기관지에서 일을 했기 때문에 5·16 세력의 유혹에 빠지기는커녕 이미 그 자신이 지녔던 바탕에서 권력에 추종하는 변절이나 성향을 찾을 수 없었다. 거기에다 민주당과의 인연은 그를 더욱 이런 지조에 대한 결벽증으로 굳어지는 계기를 만들었다. 나중에 그는 몇 차례에 걸쳐 회유와 협박에 의한 세속적인 '행운'의 기회가 반복되었지만, 단 한 번도 그것이 그의 기품을 흔들게 할 수는 없었다. 〈5·16이 나던 때〉란 글에서 읽을 수 있는 공작정치로부터의 피신, 월간《다리》지 사건을 전후한 위협, 그리고 김대중 전대통령과의 관계 때문에 겪었던 각종 위험, 김상현 의원과의 얽힘 등등 많은 사건들이 그의 주변을 맴돌며 그의 운명의 수레바퀴를 바꾸고자 했으나 그는 가난한 출판쟁이로 남아 오늘에 이르고 있다.

3. 다채로운 체험에서 다양한 집필진 구성

윤형두 회장은 출판경영의 원칙으로 (1) 자전거 출판, (2) 과수식果樹式 출판, (3) 비석식碑石式 출판이라는 세 가지를 신념으로 삼아왔다. (1)은 자전거를 타듯이 계속 페달을 밟지 않으면 넘어진다는 것이고, (2)는 과일 나무는 4~5년 길러야 수확할 수 있다는 데서 철저한 기획과 제작 과정을 겪어야 숙성된 도서를 출간해 낼 수 있다는 것, (3)은 세월이 흘러도 녹슬지 않는 비석 같은 책을 내야 한다는 것이다.

이런 신념이 오늘의 범우사로 자란 정신적인 기둥이 되었을 것이다(《한 출판인의 자화상》).

범우사의 초창기에 그는 잡지 《신세계》의 주간을 겸하고 있었다. 당시 편집부에 근무했던 이정림은 〈계단을 내려오던 남자〉에서 잡지사 주간직에는 이름만 걸어놓고 자신의 출판에 전념하던 윤형두의 모습을 "먼 곳을 바라보는 것 같은, 그래서 왠지 잿빛 그늘이 어린 듯이 보이는, 그 눈은 내게 강한 인상을 심어 주었던 것"인데, 이 무렵 그는 《치계齒界》라는 잡지도 가지고 있었다.

서대문구 냉천동에서 출발했던 범우사의 상표는 독수리였는데, 나는 처음부터 그 독수리를 무척 좋아했다. 성조기에 나오는 독수리와는 달리 내가 그 이미지에서 연상했던 것은 영원한 이상주의자 트로츠키의 별명이었던 '붉은 독수리' 같은 것이었는데, 그때로서는 꽤나 투쟁적으로 보였다.

'투쟁적'이라고 하면 지금의 윤 사장과는 걸맞지 않을 것 같지만 초기의 범우사는 오히려 그런 쪽이었다고 볼 수 있다. 당시 한국 출판계란 보수성 일변도로 '책'의 개념도 제대로 안 섰던 상황이었던지라 범우사는 상표 하나만으로도 불온하게 보일 지경이었다.

이 무렵 작가 정을병 형의 소개로 알게 된 윤형두 사장은 아무리 뜯어봐도 돈을 모을 사람이라기 보다는 인정 깊은 정치 후보생이 아닐까 하는 착각이 들 정도로 사람을 좋아했다. 아니나 다를까! 그는 이내 김대중, 김상현 의원의 노선을 대변했던 월간지 《다리》를 창간하여 그 초대 주간을 맡았다(1970).

그동안 범우사는 중구 남대문로 3가에서 종로구 도렴동, 그리고 도렴동 115 삼육빌딩으로 옮겨 안착하게 되었고, 정을병 소설 《아테나이의 비명》, 김광섭 시집 《성북동 비둘기》, 강인섭 시집 《녹슨 경의선》 등과 《유선통신

자격고시 문제집》, 《자동차 정비와 고장 수리》 등을 출판했다. 그리고 내 기억으로는 뒤의 두 가지 기술서적이 범우사 유지에 큰 도움을 주었다.

개인사적으로 이 무렵의 윤 사장은 상경 직후 상도동에서의 토굴생활, 도시락 공장 다락방, 자취, 하숙, 사글셋방 등을 전전하다가 삼선교 단칸방 셋집에서 봉천동 산동네 꼭대기의 단독주택으로 이사를 한 것이 1968년이었다. 필자도 몇 번 가 본 적이 있는 이 집에서 윤 사장은 범우사와 세 남매를 키워 오늘에 이르렀다. 그러니까 윤형두 사장과 범우사의 역사에서 1970년을 전후한 시기는 일대 전환기인 셈인데, 개인적으로는 봉천동 시대요, 출판사로서는 광화문 시대의 개막이자 역사의 회오리에 휩쓸려 들어가기 시작한 때이기도 했다.

1969년 3선 개헌으로 재집권의 길을 연 박정희 전 대통령은 1971년 대통령 선거를 앞두고 사회적인 갈등을 폭력으로 진압하면서 노골적인 야당 탄압을 자행하기에 이르렀다. 집권 세력의 예상을 뒤엎고 야당의 김대중 대통령 후보가 확정되자 군부세력은 바짝 긴장했다. 그 야당의 홍보전략이 김상현 의원의 주도로 월간 《다리》가 주축이 되어 진행되기 시작하자 그 주변에 대한 감시와 회유와 탄압은 점점 노골화되어 갔다. 범우사는 불행하게도 그때 《다리》사와 같은 방을 썼다. 발행인이 별도로 있었지만 실제로 《다리》의 모든 일은 윤 사장이 진행했는데, 거기에다 그는 김대중의 《내가 걷는 70년대》 《희망에 찬 대중의 시대를 구현하자》 《빛나는 민권의 승리를 구가하자》 등의 저서를 범우사 명의로 출판했다. 여기에다 전 국회의장 김수한 의원의 《이런 장관은 사표를 내라》는 초강경 국회 발언록까지 냈는데, 당시의 출판계 풍조로는 상상할 수 없는 반골의 돌출이었다.

여기에다 기름을 부은 것이 《다리》지였다. 처음에는 '너와 나의 대화의 가교'로 창간했던 이 잡지가 1971년부터는 전위적인 비판 · 이론지로 부상하여 국내 비판적인 지식인의 본거지가 되었다. 함석헌, 지학순, 조향록 등 종교계, 이병린, 이병용, 한승헌 등 법조계, 김동길, 리영희, 조용범, 장을병, 박현채 등 학계, 천관우, 송건호 등 언론계, 김지하, 남정현 등 문학계 여러 인사들이 주요 필진으로 참여했던 《다리》지는 학원가와 노동, 운동권(그때는 이런 술어가 생기지도 않았다)에서 광범위한 독자층을 형성해 가고 있었다. 그때 비판적인 잡지로는 《창조》와 《씨알의 소리》 등이 있었는데, 가장 현실 정치적으로 군부독재를 혹독하게 비판한 것은 역시 《다리》지였던 것 같다.

4. 정치적 회오리와 출판에의 외길

바로 이 잡지에 실린 글 〈사회참여를 통한 학생운동〉을 빌미로 당국은 윤형두 사장과 필자 임중빈을 구속(1971년 2월)했는데, 그해 4월 27일이 대통령 선거라는 사실을 기억한다면 그 사건이 무엇을 뜻하는지는 쉽게 알 수 있을 것이다. 1974년 대법원으로부터 무죄판결을 받은 이 사건은 유신독재 직전의 정치사건으로 평가받고 있는데, 여기에 대해서는 윤형두 사장의 글 〈출판탄압에 대한 최초의 무죄사건〉(한승헌 변호사 변론 사건 실상 《분단시대의 피고들》, 범우사, 1994, 수록)을 참고하는 게 좋을 것 같다.

투옥은 윤형두 사장에게 더 뚜렷한 인생관과 역사관을 심어준 듯하다. 이후 범우사의 출판 방향이나 이념이 일관된 휴머니즘에 기초하는 것을 볼 수 있기 때문이다. 1971년 여름 《다리》지로 직장을 옮겨간 필자는 그때 출옥 직후인 1971년 9월부터 《다리》지 발행인을 맡은 윤 사장과 고락을 함께하는 처지가 되었다. 편집실에서 라면으로 끼니를 때우며 잡지를 만들던 시절이라 그 어려움 속에서도 윤 사장은 어머님 회갑을 여수 돌산에서 성대히 치렀고, 직원들의 '가난'을 기아선상으로는 빠지지 않게끔 잘 조치해 주었다. 더구나 사람 좋아하는 김상현 의원은 지금의 코리아나 호텔자리에 있던 국회에서 필자의 급한 원고료를 갖고 광화문 지하도를 건너오다가 아는 인사를 만나면 곧장 술집으로 가버리는 일이 빈번했는데, 그럴 때마다 윤 사장은 해결사처럼 잘 대처해 주었다.

이 무렵 범우사의 출판은 냉전에서 화해를 끌어내기 위한 사회과학 서적과 국내의 인권관련 책이 주종을 이뤘다. 앞의 목적을 위하여 범우사는 빌리 브란트와 다나카 가쿠에이의 저서와 전기를, 뒤의 것으로는 한승헌 변호사의 《법과 인간의 항변》, 이상두 선생의 《옥창너머 푸른 하늘이》 등을 냈다. 그때 특히 윤 사장은 빌리 브란트의 동방정책에 매료당해 틈만 나면 그 이야기를 꺼내곤 했던 기억이 새롭다. 사실 동서독의 통일은 브란트로부터 시작되었는데, 그때 우리나라에서는 이를 주시하는 것조차 무척 인색했고 그 책도 별로 팔리지는 못했다. 하지만 윤 사장의 출판인으로서의 탁견은 엿볼 수 있는 일이었다. 다나카 일본 수상은 그 말년에 부패의 대명사처럼 더럽혀져 버린 정치가지만, 그 실상은 냉전 구도 속에서 미국보다 먼저 중국과 수교를 하려 했던 야망이 돋보여 윤 사장의 시선을 끌어 《인간 다나카》란 책이 나오게 된 것 같다. 출판계에서 중공에 시선을 돌린 선두주자였던 범우사는 바네트의 《미국과 중공》이란 안 팔리는 책을 내기도 했다.

또 하나 곤욕을 치른 책이 있다. 김동길의 《길은 우리 앞에 있다》란 책은 그 당시 유일한 판금도서로 대학가에 일대 선풍을 일으켰는데, 여기에 대해서는 김학민의 글 《홍소령에 대한 추억》(윤형두 선생 화갑기념문집 《한 출판인의 초상》, 범우사, 1995, 수록)에 자세히 나온다.

범우사가 출판사로 자리잡기 시작한 것은 1972년 10월 유신 이후로 볼 수 있다. 그 전에는 《다리》지와 사무실을 함께 하면서 윤 사장 자신도 두 쪽 사장 역할을 하기에 분주했었는데, 정작 10월 유신 선포 이후 김상현 의원은 투옥당해 버리고, 필자와 윤 사장은 잠시 피신했다가 현실로 돌아와 각자의 진로로 나아가지 않을 수 없었다. 이에 윤 사장은 본격적인 출판에로 투신하기로 결심하고 '범우 고전 시리즈' 제1권으로 토마스 모어의 《유토피아》를 냈는데, 이건 매우 상징적이다. 그 숱한 고전 중 어째서 모어의 《유토피아》가 첫 권이 되었느냐는 것은 우연이라기보다는 윤 사장의 철학이 낳은 필연의 결과로 해석하는 게 더 합리적이다. 그리고 나중에 너무나 유명하게 된 독일의 여류작가 루이제 린저, 여성해방의 실천가 보브와르, 프랑스 혁명의 도화선 볼테르 등의 작품과 평화주의 철학자 러셀과 세계적 문명사관의 수립자 토인비의 저서 등이 풍기는 이미지에서 누구나 자유주의자 윤형두를 떠올리지 않을 수 없다. 국내 문학 분야에서도 70년대의 문제작이자 신상웅의 장편소설 《심야의 정담鼎談》을 비롯해 조정래·김초혜 부부의 첫 저서인 《어떤 전설》이 범우사에서 나왔다는 사실도 인간사회의 인연을 실감케 만든다.

이 시기에 또 빼놓을 수 없는 업적으로 이미륵의 《압록강은 흐른다》를 발굴, 완역해낸 것을 들어야 한다. 한편 윤형두 사장이 수필가로 등단함으로써 박연구와의 관계가 더욱 돈독해져 범우사의 출판기획 중 수필의 비중이 높아지고, 범우사 또한 한국 출판계에서 가장 격조있는 수필문학 출간 출판사로 발돋움하는 계기가 되기도 했다.

개인적으로 이때 윤 사장은 국제 앰네스티 한국위원회에 가입하여 적극적으로 활동했는데, 이 부분은 우리 민주화운동사에서 완벽하게 복원시킬 필요가 있다. 유신독재 아래서 투옥자가 급증할 때 이에 대처했던 유일한 조직이었던 앰네스티는 그 뒤 미묘한 여러 사정 때문에 역사의 전면으로부터 사라졌지만 70년대의 전 기간에 걸쳐 이 조직의 활약은 실로 눈부셨다. 70년대 후반기와 80년대 초의 쟁쟁한 여러 인사들 중 상당수가 앰네스티를 거쳐 갔으며, 당시 투옥되었던 인사치고 이 단체의 직간접적인 도움을 받지 않은 분은 없었을 정도였다. 윤현 당시 앰네스티 전무와 윤형두 사장, 그리고 한승헌 변호사를 비롯한 몇몇 분들이 이 운동의 주축을 이뤘었는데, 이런 시민운동이 맥을 잇지 못한 것은 못내 아쉽다.

범우사 초기의 번역진이었던 황문수, 홍경호, 최혁순, 염기용 제씨의 영향력도 컸겠지만 범우사는 일정하게 인류의 평화와 자유를 제창하는 이념을 고수하면서 대중적인 문예물과 특히 노벨상 수상작의 번역에는 손 빠른 대처로 상업적인 성공을 거두기도 했다. 개인사에서 윤형두 사장은 고려대 경영대학원을 수료했고, 범우 사상신서 제1권으로 에리히 프롬의 《자유로부터의 도피》를, 소설문고로는 제1권 《메밀꽃 필 무렵》을 내기도 했다.

이래서 1978년 10월 범우사가 마포구 신수동 출판단지로 이사를 떠날 때까지가 이른바 윤형두사장과 범우사의 대약진기라고 부를 만하다.

5. 마포 시대의 범우사

마포시대의 범우사는 이미 창사 12주년을 맞아 출판한 책이 약 500종에 육박하려던 때였다. 시리즈만 해도 범우 사상신서, 범우 문예신서, 범우 고전선, 범우 전기선, 범우 사르비아문고, 범우 피닉스문고, 범우 소설문고, 범우 에세이문고, 범우 한국문학선, 범우 영화 TV소설, 범우 논픽션, 범우 명작다이제스트 등이 번갈아 쏟아져 나와 독자들은 이제 범우사의 책만 봐도 교양 함양에 지장이 없다고 할 정도로 종합출판을 지향하는 단계에 이르렀다. 그 뒤에도 범우사는 범우 비평판 세계문학선을 내는 등 각종 시리즈를 보완하여 오늘에 이르고 있는데, 어떤 것은 이미 100권을 돌파했으니 이제는 1,500여 종의 도서가 항시 전국에서 독자의 손길을 기다리는 단행본 출판사로 군림하게 되었다.

마포시대의 범우사는 크게 두 시기로 나눠 볼 수 있다. 그 전반기는 출판단지 안에 있던 시기이며, 후반기는 구수동 빌딩으로 옮겨간 1989년 5월 31

일 이후다. 이미 마포 시대로 접어들면서 범우사는 한국 출판계 굴지의 출판사로 부상했기에 구태여 이 시기를 둘로 나눌 필요도 없을 정도로 그 기본 이념이나 출판사의 위치는 확고하나, 다만 외형적으로 더 커졌다는 사실은 지적되어야 할 것 같다.

신수동 출판단지 시기에 윤 사장은 출판업계 각종 단체의 위원이나 이사, 혹은 부이사장, 회장 등 직책을 맡는 한편 문화공보부 장관상을 받는 등 출판관련 업적이 사회적으로 가시화되기 시작했다. 개인사에서 중요한 사항으로는 중앙대 신문방송대학원에서 문학석사 학위를 받은 사실인데, 이후 그는 중앙대, 동국대, 서강대 등에서 언론·출판관련 대학 및 대학원 강좌를 맡는 등 이른바 출판산업을 출판학으로 인식시키는데 앞장을 섰다. 한국출판학회를 실질적으로 이끌어오면서 출판학을 정착시켜 대학에다 해당 학과를 설치토록 하는 캠페인을 벌여 성공하기도 하는 한편, 첫 수필집《넓고 넓은 바닷가에》를 낸 이후 수필집과 이론서, 연구논문 등의 저서도 목록을 만들기에 바쁠 정도로 발간했다.

"진리와 자유를 위하여, 새 시대의 새 지식을 위하여" 독서진흥사업을 전개하고 있는 재단법인 범우출판문화재단이 문화관광부의 후원과 종합출판 범우㈜의 협찬으로 '범우 3000만원 현상 독후감 모집'을 실시한다는 취지의 범우 독후감 공모는 1986년부터 시작한 것으로 이제는 사회문화적인 행사로 자리를 잡았으며, 범우출판장학회(이사장 한승헌, 1991년 창립), 월간지《책과 인생》(1992년 창간) 등은 범우사의 축적된 역량이 낳은 사회적인 대봉사 역할의 일환이다.

시류를 좇는 출판을 지양하고 민족문화사에 꼭 필요한 자료들을 묶어낸 실적으로는《한국 전적 인쇄사》(1990, 제13회 한국출판학회상, 제6회 인쇄문화상, 제31회 한국 출판문화상 등 수상 및 1990년 언론사 출판기자 선정 '올해의 책'에

뽑힘), 《한국의 고지도》(1992, 문화부 추천도서, 제32회 한국출판문화상 저작상, 위암 학술상 수상), 《겸재 정선 진경산수화》(1993, 제34회 한국출판문화상, 제12회 동원 학술상 등 수상), 《한국의 목공예》(1998, 제38회 한국백상출판문화상 장정부문 수상), 《한국서화가 인명사전》(2000, 한국백상출판문화상 사전부문 수상), 《돈황》(2001, 문화관광부 추천도서, 제42차 백상출판문화상, 아시아태평양 출판상 수상) 등이 있다.

이런 고귀한 자료들이 엮어져 나올 수 있었던 것은 윤 사장의 오랜 고서 수집벽이 낳은 결실이다. 그 연장선에서 국립 순천대학교 도서관에 도서 2만 권 기증으로 이뤄진 '범우 윤형두 문고' 개설 현판식(2001), 중국 상해 임시정부 청사에 '범우사 문고' 개설(2001) 등이 가능했을 터이다.

출판문화 향상과 이와 관련된 업적으로 국제적인 명예를 얻은 기록만 해도 빽빽하다.

윤형두 회장은 바론스 후즈후(Barons who's who) 출판사에서 펴내는 세계적인 인명사전인 《500 Great Asians》 2001년도 판에 등재되어 인증서를 받았고, 이어 비블리오테크 월드 와이드(BWW)의 세계적 인명사전인 《Profiles of Excellence》에도 올랐다(2003).

이어 윤 회장은 출판의 활동영역에서 뛰어난 업적으로 현대사회의 개선에 크게 이바지한 공로로, 세계 최고의 권위를 자랑하는 마르퀴스 후즈후 인명사전(아메리카판 제61판-2007, 아시아판 제1판-2007)의 등재 인증서를 받음으로써 총 6회에 걸쳐 인명사전에 등재됐다(2007).

2007. 11. 16. 출판 분야에서 훌륭한 업적과 공로로 세계 최고의 인명사전 발행기관인 ABI사의 G. M. 에반스 사장의 상패를 수령했으며, 출판 및 교육 분야의 공로로 2008년판 〈마르퀴스 후즈후 인더월드(Who's Who in the World)〉 인명사전에 1999년에 이어 2008년부터 2015년까지 총 아홉 차례

계속 등재되었다.

미국 〈영예의 전당(Hall of Fame)〉 메달 수여(2009)를 비롯하여, 세계 3대 인명사전 발행기관 중 하나인 ABI사의 〈21세기 비저너리 어워드(Visionary Award)〉 상패 수령 및 〈세계 명예의 전당(World Hall of Fame)〉 명패 수령, 그 해의 뛰어난 인물에게 수여하는 〈마그나 쿰 라우데(Magna Cum Laude)〉 명패를 수령(2012)했다.

IBC 주최 〈국제 예술, 과학, 정보통신 회의(The World of Congress of Arts, Sciences and Communications)〉에서 출판 경영 및 출판학에 기여한 공로로 〈국제 공로훈장(International Order of Merit)〉 수상(2013) 및 출판 및 출판경영에서의 성취를 높게 평가받아 〈제1회 아시아-태평양 스티비 어워드(Asia-Pacific Stevie Awards)〉 두 개 부문 금상을 수상했다(2014).

출판관련 말고도 수필가로서의 역량과 출판계에 기여한 업적을 인정받아, 세계 2대 인명사전 중 하나인 영국 케임브리지 국제인명센터 IBC(International Biographical Centre)로부터 '명예 문학박사(Honorary Doctor of Letters)' 학위를 수여(2013)받은 것도 기억할 만하다.

6. 제2세 시대의 개막

2003년 범우사는 '종합출판 범우㈜' 법인으로 전환했다. 이로써 윤형두 사장은 '회장'직을 가지게 되고, 사실상 장자 윤재민 사장의 시대로 접어들었다. 이어 2004년 파주 출판단지에 범우㈜ 신 사옥을 착공, 12월에 입주함으로써 명실공히 새로운 시대를 열게 되었다.

마포의 범우사 사옥은 긴 역사를 간직한 채 윤형두 회장 개인의 연구실과 응접실 역할을 해왔는데, 여기서 한국출판사상 길이 남을 업적들이 새롭게 태어나곤 했다. 《범우 비평판 한국문학》과 《중국역사박물관》도 그 중의 한

예들이다.

바람직하고 제대로 된 '한국문학전집'은 문단과 학계와 출판계의 오랜 숙원이었다. 그러나 근대문학 100년 동안 한국문학전집은 언제나 상업주의에 휘둘리면서 출판되어 왔기 때문에 '정전'이 없었다. 진정한 문학전집, 민족정신사의 이정표로서의 문학전집은 내 개인적인 오랜 야망으로서 젊은 시절부터 부단히 기획해 오면서 출판하기를 꿈꾸어 왔으나 이룩하지 못했던 아쉬움이 있다. 이 소망을 윤형두 회장의 출판의 숙원과 맞아 떨어져 시작한 것이 《범우 비평판 한국문학》이다.

이 전집은 문학의 개념을 단순히 시·소설만이 아니라 산문과 노래까지도 포용하여 가히 민족정신사적 총괄을 하도록 했다. 따라서 백범 김구를 비롯한 정치인은 물론이고 문사철文史哲과 자연과학 사상까지도 두루 포함하는 기획이다. 근대 이후 한국정신사에 남을만한 모든 글들을 망라하는 게 이 시리즈의 목적이기에 미발굴 작품과 전혀 알려지지 않은 작가(이 시리즈에서 처음으로 묶여져 나온 작가)의 글이 대량 포함되어 있다. 단언컨대 신문학사 이래 이 전집처럼 모든 걸 망라하면서도 가장 꼼꼼하게 책임 편집자가 교주를 본 기획은 없었다. 그러나 어인 문화풍토인지 이런 전집이 독자들에게 널리 보급되지 않는 것은 매우 유감스런 일이다.

《중국역사박물관》 전10권은 중국사학회가 엮은 것을 강영매 선생이 옮긴 것으로 역사 이전 시대부터 청대에 이르는 자료를 쉽게 접근할 수 있도록 만든, 전문가와 대중이 함께 볼 수 있는 자료이다. 시대순에 따라 백과사전 식으로 구성된 이 전집 역시 문사철을 분리하지 않는 중국식 학문 접근법으로 이뤄져 있어 가히 오늘의 중국을 이해하는 초석이 된다.

한국에서는 처음으로 중국 인민출판사와 독점 계약한 《모택동 선집》(전 4권)을 7년 반 만에 완간(2008)한 업적이나, 역시 인민출판사와 독점 계약한

《주룽지, 기자에 답하다》를 독점 발간(2010)한 사실과 중국사학회가 엮고 강영매 박사(이대 통번역대학원 중문학)가 번역한 《중국통사》 ①~④를 완간한 것, 《덩샤오핑 남방순회 담화실록》 출간 등도 주목할 만한 중국 관련 출판 업적으로 평가받을 것이다.

윤형두 회장 개인적인 관계로는 《한 출판인의 자화상》(북경인민대학출판사)의 중국어판 출판기념회(2012)일 것이다. 더구나 이 책 중국어판이 2007년 아시아태평양 출판상 일반부문 금상 수상작(6개국 98종의 후보도서 중 APPA에서 금상으로 심사결정)이었다는 점도 자랑거리다.

2006. 11. 25. 《한승헌 변호사 변론사건 실록》(간행위원회 편, 전 7권)을 범우사 창사 40주년 기념도서로 발간한 건 윤 회장과 한 변호사의 개인적인 친분에 연유하지만 한국 현대 법조사의 중요한 기록이란 점에서 주목을 받았다. 더구나 이 전집은 부조리한 한국현대사를 생생히 기록한 공로로 한승헌 변호사가 제21회 단재상 수상자가 되었다(2007. 5. 2).

범우사가 거대 출판사다운 풍모를 보여주는 업적 중 단연 자랑거리는 《한국 목활자본》과 《한국 금속활자본》(천혜봉 지음) 같은 큼직한 도서의 출간으로 이것은 2006년 외국어초록번역사업 대상도서로 선정되기도 했다. 〈무구정광대다라니경과 중수문서의 연구〉(천혜봉 지음) 발간(200부 한정 수량, 2013)이나, 《한국금속활자 인쇄사》(천혜봉 지음), 《고려대장경과 교장의 연구》(천혜봉 지음) 등도 이 계열의 업적인데, 이런 희생적인 사업은 윤 회장 개인이 인쇄문화에 깊은 관심과 열의를 가진 데서 나온 결실일 것이다. 윤형두 회장 자신이 〈신라간행의 무구정광대다라니경과 고려의 중수문서 연구〉로 제31회 한국과학기술단체 총연합회 특별상을 수상(2013)할 정도였기에 가능한 실적이다.

큰 글자책 출간도 범우사의 주요 업적이다. 문화체육관광부가 주최하고 한국도서관협회가 주관하는 우수 대활자본에 선정된 큰글자책 《노자 도덕경》(노자 지음 황병국 옮김, 2011)이나, 《장자》(장자 지음 허세욱 옮김), 《중용·대학》(자사 지음 차주환 옮김) 등 동양 고전은 물론이고, 《인생의 선용》(존 로보크 지음 한영환 옮김) 같은 출간 등으로 '대활자본을 이용한 노인독서활성화사업 대상도서'로 선정되었다.

2011. 2. 22. 아마 이 날을 윤 회장은 잊지 못할 것이다. 대한출판문화협회 제 47차 회장 선거에서 윤형두 회장이 당선(총 유효 투표수의 과반을 넘는 143표[52.3%]를 획득하여 1차 투표로 당선 확정)된 날이기 때문이다. 출판인으로 누렸던 모든 영광의 꽃으로 장식된 출협 회장직은 윤 회장에게 어쩌면 필생의 꿈을 이룬 셈이라 해도 지나치지 않다.

한 출판인이 만년을 맞아 이렇듯 자신이 좋아하는 신념에 찬 작업을 할 수 있다는 것은 행운이다.

이제 윤 회장은 한 출판인만이 아니라 경영 전문 연구가이자 출판학자로, 그리고 뛰어난 수필가에다 사회사업가, 등산가, 여행가를 겸한, 백발을 휘날리며 청춘을 구가하는 우리 문화계의 한 자수성가의 표본을 이루고 있다. 그런 윤 회장이 아직도 범우사를 통해 못이룬 꿈이 있을까. 인간의 포부가 위대하다면 역시 더 하고픈 일이 남아 있을 것이다. 그러나 웬만큼은 이뤘다고도 할 수 있다.

윤 회장과 함께 한 많은 주변 인사들은 범우사가 이제 제3의 도약기를 맞아야 한다고 말하기도 한다. 그간 범우사는 제2의 도약기를 통해 오늘의 성장을 이룩했는데, 그것은 순전히 인간 윤형두의 개인적인 업적으로 돌릴 성질의 것이다. 그리고 그 가능성은 민족의식과 민주주의 의식의 바탕에다 휴머니즘적 가치관과 실천력을 갖춘 윤 회장이 급변해 온 우리 사회의 가치관에 적절히 효과적으로 대처해 올 수 있었기 때문이라 하겠다.

윤 회장과 비슷한 시기에 출발했던 많은 출판인들이 변화하는 시대의 가치관에 대응하지 못한 채 출판업 자체를 포기해 버렸거나 영세화해 버린 예를 보더라도 그의 대응력이 우연이 아니라 뿌리 깊은 민족과 민주주의에 대한 신념에 바탕한 것임을 느낄 수 있다.

이제 범우사는 제3의 도약을 위하여 윤 회장의 후계인 윤재민 사장의 부상으로 이어진다. 다른 산업과는 달리 출판업은 2세에게로의 대물림이 거의 불가능한 것으로 알려져 있다. 하지만 현암사나 민음사 등에서도 새로운 시도가 성공 중에 있다. 범우사의 백년지대계 또한 이제 제3의 도약을 기다리고 있다. 그것은 윤 회장처럼 가난으로부터의 자수성가 형식이 아닌 풍요로부터의 정보화 산업이라는 일대 전환을 뜻하기도 한다.

"사람들은 저녁놀을 보는 것보다는 해돋이를 보기를 좋아한다. 그러나 어제의 저녁이 있었기 때문에 오늘 아침에 해가 뜨는 것이다. 황혼 빛이 타오르게 붉었던 그 다음날 태양이 작열하듯이, 지난날의 역사 위에 그에 따르는 미래가 설정되는 것이다"(윤형두 〈내일의 해돋이를 보기 위해〉, 《1966~1991 범우 25년사(초)》, 범우사, 1991, 수록)라고 윤형두 회장은 썼다. 실로 어둠의 시대를 살았던 윤 회장의 뒤를 이어 이제 범우사는 해돋이를 보는 새 아침을 맞는다.

그 새 아침에는 그간의 모든 성과를 재생시킬 수 있도록 장치하는 출판사업의 비석화 작업일 것이다.

해를 이고 가는 가족 범우사

천성우

(작가)

나는 범우사를 '해를 이고 가는 가족'이라고 표현한다. 열정과 미래지향적인 범우사 사람들을 만날 때마다 느끼는 것은 너무도 인간적인 친밀함이다. 언젠가 범우사를 방문했다가 돌아오는 길을 찾지 못하고 헤맨 적이 있는데 가족처럼 친절하게 안내해줘 다행히 늦지 않고 서울행 버스를 탈 수 있었다.

무엇보다도 범우사는 수많은 고전들, 사상신서들을 출간해 우리들에게 지식과 삶의 지혜를 주었다. 내가 읽은 책만 해도 문학 예술 부문에서는 《범우소설문고》, 《범우비평판 세계문학선》 법정의 《무소유》, 《제임스 조이스 전집》, 《겸재 정선의 진경산수화》 등 주옥같은 책들이다.

전 세계적으로 인터넷과 스마트폰이 발달하고 학생들의 참고서 외엔 인문학적 책을 읽는 독자들이 점점 사라져가는 이 시대, 책을 만든다는 것처럼 힘든 일은 없을 것이다. 그럼에도 불구하고 50여 년을 한결같이 좋은 책을 만들기 위한 윤형두 회장의 사명감과 집념이 아니고서는 불가능한 일이다. 또한 윤 회장은 1991년부터 일억 원의 기금을 조성, 어려운 환경에서 공부하는 학생들에게 해마다 장학금을 지급하고 있다. 현재 출판사의 경제적 손실이 큰 현실임에도 장학금을 한 회도 빠지지 않고 수여한다는 것은 축하 이전에 윤 회장에 대한 존경의 마음이 앞선다.

《월드판 후즈 후(Who's Who in the World)》는 세계적으로 유명한 현존 인물에 대한 인명사전으로 미국 인명정보기관, 영국 케임브리지 국제인명센터에서 발행하는 인명사전과 함께 세계3대 인명사전으로 꼽힌다. 윤형두 회장은 한국 출판 및 출판학에 기여한 업적을 인정받아 벌써 아홉 번째 이름이 등재되었다.

독자들에게 종합출판 '범우사'의 이름이 오래오래 기억되길 바라며 창사 50주년을 진심으로 축하한다.

범우사 50주년에 부쳐

최승범

(전북대 명예교수·고하문학관 관장)

어느 먼 나로서는 가족과도 같은 범우사가 창사 50주년을 맞이하였다고 한다. 반갑고 기쁜 마음 앞서지 않을 수 없다. 그간의 '반백년'을 축하드리고, 앞으로의 가없는 앞날도 아울러 축수하는 마음 간절하다. 되돌아보면 나와 범우사와의 인연도 결코 적은 인연이 아니라는 생각이다.

옷깃만 스쳐도 전생 인연이란 말도 있지 않던가. 범우사 윤형두 대표와는 물론 그동안 편집 주간·실장만도 여러분을 헤아려 볼 수 있다. 특히 이제 고인이 된 박연구·장현규 편집국장과의 인연은 잊을 수 없다. 원고 청탁뿐 아니라 자세한 내용까지도 설명을 보태주었기 때문이다.

장현규 국장은 그 후 〈성림 지식더미〉로 자리를 옮겼다가 이제 고인이 되었다. 안타깝기 그지없다. 장 국장은 《꽃·여인 그리고 세월》이란 250여 편의 아담한 수필집을 손수 꾸며주기도 하였다. 오늘의 범우사 김영석 실장은 특히 매사를 끊고 맺음이 분명한 분이다.

《책과 인생》의 구독만을 놓고 보아도 그렇다. 구독료의 만기를 미리 알려주는 친절이다. 이 일 저 일 서성대다 보면 자칫 날짜를 어기거나 건너뛰기 쉽다. 다음 달 《책과 인생》엔 어김없이 이 사실이 알려져 온다. '앗차' 하고 이

번엔 이켠에서 사은 도서를 택일하여 알린다. 며칠이 다 못되어 수권의 책(사은 도서)을 받게 된다.

범우사로 하여 나온 내 책도 수종에 이른다. 《남원의 향기》(1982), 《스승 가람 이병기》(2001), 《시조에 깃든 우리 얼》(1997) 등이다. 이래저래 나와 범우사와는 인연이 깊다. 어느 해의 일이었던가. 윤형두 대표께서 나의 《수필 ABC》를 '살아있는 고전'이란 과분한 말씀을 해주셨던 것도 잊을 수 없다.

이만 잔사설 줄이고 범우사의 무궁한 앞날 발전을 빌어 마지않는다.

책에 미친 한 아름다운 바보의 깃발

최 원 현

(수필가)

범우문고의 범우사가 창사 50주년을 맞았단다. 1966년 출판사로 등록 후 양주동(외)의 《사향의 염》을 출발로 수많은 책을 냈던 범우사지만 나는 〈범우에세이선〉 및 〈범우문고〉가 한국문학 및 문화에 가장 지대한 공을 끼쳤다고 확신한다. 먹고 살기도 힘들어 책 한 권을 사 본다는 호사는 생각할 수도 없던 어려운 시기에 만났던 작은 책자는 내 영혼의 가뭄 속 빗줄기였다. 그때부터 범우문고는 내 문학의 터전이 되었다. 내 책장에는 그런 범우에세이선과 범우문고가 가장 손쉽게 빼어볼 수 있게 꽂혀 있다.

범우 윤형두 회장님은 내게는 특히 소중한 분이다. 내게 늘 큰 사랑의 배품을 주셨다. 내가 Y대 의료원에 근무할 때는 가끔 작은 도움은 드릴 수 있었지만 지금껏 너무나 큰 사랑의 빚만 지고 있다. 내 수필집 《오렌지색 모자를 쓴 도시》를 출판해주시기도 했다. 한결같이 30년을 같은 체중으로 유지할 만큼 건강관리도 잘 하셨는데 킬리만자로 등반을 가셨다가 긴급 후송되어 왔을 때는 참으로 내 간이 콩알만 해졌었다.

태어난 일본 땅에선 '조센징'이라 무시당하고, 고국에 돌아와선 일본 말을 한다고 '쪽바리'라 왕따당하며 친구 하나 없이 책과 함께할 수밖에 없던 소년,

여수가 고향이지만 순천에서 중고등학교를 나와 순천 사랑이 남다른 분, 해서 순천대가 종합대학으로 승격할 때 필요한 책을 다 기증하여 종합대학이 되게 하므로 학교엔 '범우 윤형두 문고'까지 설치되었을 뿐 아니라 국보급 초조대장경과 재조대장경 인쇄본까지 학교에 기증할 만큼 순천대 사랑이 남다르셨다. 그런데 '패배가 나의 이력이자 힘'이라고 하신다. "패배가 나의 이력이며 힘이었다. 언제 한 번이라도 이겨본 적이 있는가? 피가 터지도록 맞아봤으며 개 끌리듯이 끌려 다녔고 억울하게 옥살이도 하였다. 그러고도 두 다리로 이만큼 걸어왔다." 그러고 보니 바로 그의 두 다리 힘이 오늘의 한국출판문화를 이만큼 이루어 놓은 것이다.

2000년 5월 《수필과 비평》에 연재하던 원로수필가 탐방 때가 생각난다. 초등학생 때부터 일기를 쓴다고 했다. 중학생 때는 너무 책만 읽는다고 어머니께서 책을 아궁이에 넣어버리기까지 하셨단다. 그렇게 쓰고 읽기를 좋아한 수필가로서 "나는 고해성사를 하는 마음으로 수필을 씁니다"라고 했다. "수필은 이런 진실을 담아내는 영혼의 그릇"이라고 했다. "살아온 삶을 돌이켜보면서 내가 얼마나 거짓 없이 사람답게 살아왔는가를 회상하고, 잘못을 뉘우치며 참회하는 마음으로 수필을 씁니다"라고 했다.

격동기의 한국에서 잡지를 내는 일은 목숨을 건 일이었다. 그래서 '피가 터지도록 맞아봤으며 개 끌리듯이 끌려 다녔고 억울하게 옥살이도 하였다' 그런 피와 땀이 오늘의 범우사요 그 50년이요, 출판 삶 60년이다. 바로 그런 책에 미친 한 바보의 깃발이 범우사다. 범우사는 한국 출판의 어제요 오늘이요 내일의 깃발이다.

주로 옛 책인데 아쉽게도 1번 한용운의 《명사십리》와 2번 김소운의 《붓한 자루》는 없지만 3번 한흑구의 《보리》, 4번 이효석의 《낙엽을 태우면서》, 5번 윤오영의 《방망이 깎던 노인》을 비롯하여 윤형두의 《사노라면 잊을 날이》, 김규련의《강마을》, 서정범의《그 생명의 고향》, 김상용의《무하선생 방랑기》등 초판본과 안병욱의《하루에 한 번쯤은》(76 중판), 김남조의《이브의 천형》(78 중판), 이희승의《딸깍발이》(78 중판), 피천득의《수필》(79 중판) 등은 여전히 내 사랑을 받고 있다. 범우에세이선 17번이 피천득의《수필》인데 1976년 4월 20일 초판 발행, 79년 10월 20일 중판 발행 후 85년 7월 5일 2판 1쇄를 발행하면서 범우문고 1번이 되었다. 법정의《무소유》, 김용준의《근원수필》, 김동석의《해변의 시》등은 범우문고가 가져다 준 최고의 선물이 아닐 수 없다.

범우사 창사 50주년을 기념하여

허 신 행

(전 농림부 장관·문명사회연구가)

정신적 식량 공급의 중심에 서다

범우사 창사 반세기와 윤형두 회장님의 출판계 입문 60주년을 진심으로 축하합니다. 흥망성쇠가 다른 어느 산업보다 극심하게 이뤄져왔던 출판계에서 살아남아 건재해왔다는 사실도 축하받을 업적이지만, 그 중에서도 선도적인 출판사로 거듭 성장 발전해온 것은 더욱 축하받을 일이고, 더욱이 국민들에게 정신적 식량이 될 수 있는 양서良書를 고집스럽게 출판해온 그 정신과 실천은 존경받고도 남을 만합니다. 이를 높게 평가하고 진심으로 축하해 마지 않습니다. 정말로 대단한 일을 해오셨습니다.

저는 간혹 이런 생각에 잠겨봅니다. "어떻게 사는 것이 가장 값지고 행복한 삶인가?" 돈과 권력, 명예를 추구하는 삶인가? 사업을 잘해서 재벌이 되고, 정치를 잘해 대통령과 장관도 되고, 전공에 매진하여 노벨상을 받는 것도 물론 가치 있고 중요합니다. 그러나 한참 지나서 이들의 여론을 살펴보면 국민들로부터 존경을 받는 사람이 별로 없다는 것은 무슨 이유에서일까요? 생각을 해봅니다. 그러면 시공時空을 초월해서 인류로부터 가장 존경을 받는 사람은 어떤 사람들인가? 다시 자문자답해봅니다. 성현聖賢들이더군요. 성현의 반열에 오르는 길은 바로 배움이요, 깨달음입니다. 성현의 반열에까지 가지 않더라도 97세의 고령에도 불구하고 많은 국민들로부터 아낌없는 존경과 사랑을 받고 계신 분은 김형석 연세대 명예교수이십니다. 고령에도 매일 공부하고 매일 책을 쓰며 하루 걸러 강연에 초청돼 가시는 김 교수님의 삶이야말로 가치 있고 행복한 삶이 아닌가 싶습니다. 저도 그런 삶을 살고자 노력중입니다. 여기엔 바로 양서가 자리를 잡고 있다는 사실을 간과해서는 안 됩니다. 배움의 길, 성현의 길로 가는 양서의 출판을 고집해오신 범우사와 윤형두 회장님의 각고의 노력과 업적을 축하하며 기리고 싶습니다.

이제 세상이 많이 바뀌고 있습니다. 자본주의 산업사회도 서서히 저물어가고 소프트웨어적인 기창주의 한몸사회가 거대한 파도물결처럼 다가오고 있습니다. 정보통신기술 등 첨단기술로 전 인류의 오감을 모두 연결, 하나의 세상, 하나의 사회, 하나의 국가나 유기체처럼 통합 진화되는 한몸사회가 오고 있습니다. 전 인류가 한 가족이 되는 시대입니다. 출판문화도 자연히 변화와 적응을 할 수밖에 없습니다. 잘 아시다시피 디지털, 모바일, 인터넷 등으로 녹아들어가고 있습니다.

산업사회 기간에 대한민국의 출판문화를 주름잡았던 범우사가 다시 한 번 더 새로운 시대의 양식良識을 생산 공급하여 가치 있고 행복하게 살고 싶어 하는 뭇사람들의 갈증을 해소해주시길 간절히 소망해봅니다.

범우 창사 50주년을 축하하며

홍석영

(작가)

범우사의 창사 50주년을 진심으로 축하합니다. 범우사가 그간 한국문학 발전에 기여한 공로가 지대함을 아무도 부인 못할 것입니다. 특히, 〈범우문고〉를 통해 한국문학의 대중화에 끼친 공로는 매우 컸습니다.

내가 윤형두 회장과 처음 인연을 맺은 것은 1975년, 나의 두 번째 창작집 《피서지》를 출간할 때였고, 그 후 《한서열전》과 《소설 정여립(상하권)》을 잇달아 출판해 주었습니다. 처음에는 사옥이 서대문구 쪽에 있었던 걸로 기억합니다. 지금은 파주출판단지에 사옥이 있다는데, 내가 지방에 거처를 두고 있기 때문에 한 번도 찾아가지 못했습니다. 윤 회장을 뵈온 것도 한 3년쯤 경과한 듯한데, 해외에서 등산하다 몸에 이상 신호가 생겨 고생했던 것으로 기억합니다. 지금은 건강이 많이 회복되었는지 궁금합니다.

윤 회장은 한국문학에 대한, 그리고 문고(에세이문고와 소설문고)에 대한 남다른 열정과 신념으로 오늘의 업적을 쌓아왔습니다. 이에 한국출판계의 거목으로 우뚝 선 범우사의 무궁한 발전과 윤형두 회장의 건강과 평안을 절실히 빌어마지 않습니다.

범우사와 책의 우주

백 원 근

(한국출판연구소 책임연구원)

창립 46주년을 맞는 범우사는 범우 선생의 분신과 같다. 어찌 그렇지 않겠는가. 출판인의 생각과 지향은 그가 펴내는 책으로 외현을 드러내는 법이니, 출판인이 상재上梓한 책은 그 출판인과 닮은꼴의 범주에서 벗어나기 어렵다. 영국의 저명한 출판인이자 국제출판협회(IPA) 회장을 역임한 스탠리 언윈 경(Sir Stanley Unwin)이 1926년 초판을 펴낸《출판의 진실(The Truth About Publishing)》에서 "출판업자의 성향이 출판목록의 질을 결정한다"고 통찰한 것도 동일한 맥락이라 하겠다.

책은 발행인을 닮는다

애국지사의 풍모를 지닌 이는 언제나 나라 걱정하는 책을 내고, 실리만 밝히는 이는 어떤 식으로든 장삿속이 빤한 책을 펴낸다. 현실보다 이상을 좇는 이는 몇 권 팔릴지 걱정되는 책을 내고, 사업가 기질이 넘치며 통이 큰 이들은 낚시질처럼 굼뜬 단행본보다는 규모의 경제를 추구하는 투망식 전집 출판에 명운을 걸기 마련이다. 이렇듯 대개의 출판인들은 장사꾼과 애국지사 사이를 오가지만, 출판인들은 대체로 체면도 깎이지 않으면서 영리를 추구할 줄 아는 수완을 으뜸으로 여겨 왔다. 또한 정에 약하거나 귀가 얇은 출판인은 출판사 색깔과 어울리지도 않는 책을 곧잘 펴내기 일쑤이고, 철학이 뚜렷한 출판인은 원칙과 명분만을 중시하여 흥할 기회까지도 놓치는 일이 적지 않다.

일정한 결실을 의미하는 이른바 '성공'의 잣대를 어디에 둘 것인지가 중요하겠지만, 출판인으로서 성공하는 것과 출판사가 성공하는 것은 별개의 일이라는 생각에 미치게 된다. 출판사는 성공했더라도 사회적 출판 생태계의 개선과 발전을 위해 헌신하는 출판인으로서의 족적이나 도리가 보잘것없는 이가 있는가 하면, 출판사는 부와 명성을 얻지 못했지만 출판인으로서 이름을 남기는 이들도 있기 때문이다.

이렇게 보면, 범우 선생은 한 사람의 출판인으로서 성공했을 뿐만 아니라, 출판사 역시 사회적 명성으로나 가업으로 이어가기에 부족함이 없을 만큼 성공한, 많지 않은 경우의 수에 해당한다. 출판사 이름과 아호를 동일하게 범우汎友라 칭한 것도, 범우 선생이 출판사와 자신을 동일시한 출인불이出人不二의 경지를 보여준다.

범우 선생이 열어온 길

2009년에 50회째를 맞아 그 의미가 더욱 컸던 한국출판문화대상(한국일보)의 백상특별상을 범우 선생께서 수상한 것도 여느 출판인과 다른 행보에 연유한다. 출판을 오로지 비즈니스로만 여기는 출판인들과는 다르다는 뜻이다.

첫째, 범우 선생은 출판문화 및 독서문화 발전에 크게 공헌했다. 범우사는 1966년 출판사 창립 이래 현재까지 범우비평판 세계문학, 한국문학 등 각종 고전 명저를 비롯한 약 4천여 종의 양서를 출판했다. 특히 1976년부터 범우문고를 발간하기 시작하여 현재도 약 300종을 꾸준히 보급함으로써 현존 출판사 가운데 가장 오랜 문고출판의 역사를 갖고 있다. 분식점의 국수 한 그릇 값보다 더 저렴한 3천 원 안팎의 가격에 그저 놀랄 뿐이다. 피천득의 수필이나 법정의《무소유》등이 대표적인 문고본이라지만, 제목만으로도 독서욕을 자극하는 동서고금의 목록이 수두룩하다. 양서 보급의 출판철학으로 매진하여 상업성이 약한 문고본 출판의 살아있는 표본이 되고 있다.

또한 중국과 수교 이전인 20년 전부터《등소평 문선文選》을 비롯해《중국통사》,《중국역사박물관》등 일련의 묵직한 중국 관련 도서를 한국에서 가장 먼저 발간하기 시작한 혜안으로 한·중 출판 교류의 원류를 만들었다. 또 범우사의 거작선巨作選 시리즈는 말 그대로 비석식 출판의 전형을 보여준다.《한국전적典籍인쇄사》《한국의 고지도》《한국의 목공예》《세계의 문자》《눈으로 보는 책의 역사》등은 출판인의 자존심과 한국 출판이 도달한 최고의 지점을 그대로 보여주는 걸작들이다.

범우 선생의 독자를 먼저 생각하는 출판철학은 문고본 출판에서, 집 한 채 값으로 책 한 권을 만드는 장인정신은 거작선 시리즈에서 확인된다. 출판을 사업 이상의 문화로 빚어내는 이런 사례들은 '계산'보다는 '의미'를 먼저 생각하는 범우 선생의 의지 없이는 불가능한 일들이다.

나아가 범우 선생은 책 읽는 사회풍토 조성을 위해 매년 벽지, 낙도, 교도소, 군부대 등에 다량의 도서 기증을 하고 있으며, 책과 관련된 잡지 발행이 매우 어려운 환경에 굴하지 않고 독서문화 월간지《책과 인생》을 1992년부터 꾸준히 발간하여 독자 저변 확대에 노력한 공로가 적지 않다.

둘째, 범우 선생이 한국 출판계 발전을 위해 손꼽히는 지도자로서 역할을 했다는 점이다. 한국도서유통협의회 회장, 한국출판협동조합 이사장, 한국출판학회 회장, 문화연대 공동대표, 한국출판문화진흥재단 이사장 등을 거쳐 현재 봉직 중인 대한출판문화협회 회장에 이르기까지 수많은 직책에 시간과 노고를 쏟았다. 출판 관련 단체에서 활약하면서 출판계의 단합과 미래 지향적 발전에 기여했으며, 출판의 자유, 출판유통구조 개선, 출판산업 선진화를 위한 현안 문제해결에 앞장선 것은 출판 공동의 대의와 미래를 위한 열정이 얼마나 지대한가를 보여준다. 자신의 잇속에만 밝은 사업가라면 도저히 할 수 없는 일이다.

셋째, 범우 선생이 출판학 발전을 위해 헌신한 점이다. 선생은 올해 43주년을 맞은 한국출판학회 창립을 故 안춘근 선생과 함께 주도했으며 물심양면으로 학회의 운영을 지원했다. 1984년 서울에서 개최된 제1회 국제출판학술대회 개최를 제안·주최하여 국제출판학 연구·교류의 본격적인 계기를 마련했다. 범우사는 국내 출판사 가운데 가장 많은 출판학 관련서를 펴냈다. 출판연구소 설립을 주창하고 주도하여 1986년 한국출판연구소 설립의 산파 역할을 했다. 또한 1991년부터 현재까지 국내에서 유일한 출판학 전공 학생들을 위한 장학제도(범우출판장학회)를 운영하여 250여 명의 장학생을 배출했다. 2003년에는 범우출판문화재단을 설립하여 출판학 연구를 보다 체계적으로 지원하기 시각했다. 서지학 연구 및 고서점 운영 등을 통해 출판문화 유산의 재정립에도 기여했다.

같은 말이라도 누가 하느냐에 따라 그 의미가 달라지거나 다르게 해석될 수 있다. '범우장학생' 출신인 필자가 범우 선생을 추앙하거나 범우사를 상찬하는 일 역시 오해의 소지가 있을 수 있다. 그럼에도 불구하고 범우 선생께서 이루신 책의 우주, 새롭게 범우사가 이루어야 할 드넓은 책의 우주를 경외하지 않는다면 어떤 출판인을 사표師表로 삼아야 할지 알기 어렵다.

범우사가 열어갈 길

범우 선생은 "책과 더불어 꾸준하게 한 길을"이라는 좌우명을 기회 있을 때마다 되새기신다. 그런 당신의 뜻은 20여 권에 이르는 저서에 고스란히 녹아 있다. 삶의 흔적과 생각을 담은 수필이나 출판론이다. 이처럼 생을 기록하여 반추하고, 스스로와 미래 세대를 위해 다수의 책을 펴낸 출판인은 범우 선생 이외에는 찾기 어렵다.

범우사가 범우 선생 당대뿐 아니라 올곧은 출판철학으로 한국 출판 역사에 빛나는 명문 출판사의 길을 지속하며 발전하기를 바란다. 이를 위한 해답 또한 온고지신의 정신으로 "책과 더불어 꾸준하게 한 길을"이라는 화두에 있을 것이다.

출판환경이 급변하는 패러다임 전환기는 요즘에만 있는 일이 아니다. 어느 시대 어느 사회에서나 책을 둘러싼 환경은 계속 변해왔고 언제나 위기와 기회를 동반했다. 디지털 시대를 맞아 책의 미래와 존재론에 의구심을 갖는 이들도 있으나, 문제는 매체 양식에 있는 것이 아니다. 책의 수요 창출, 독서환경 조성, 독자들과의 직간접적인 네트워킹이 핵심이다.

거시적인 출판의 매체 환경 변화에 조응하는 한편으로, 범우사가 고전 명작부터 신예의 저작에 이르기까지 새로운 책의 우주를 올곧게 꾸준히 만들어 나간다면 그 길은 창창하리라 믿는다. 범우 선생께서 꿈꾸는 '책 읽는 사회'의 이상도 이 우주 안에 자리잡고 있다고 여겨진다.

범우사 윤형두 회장님과 인연

김경식

(국제펜클럽 한국본부 사무총장)

우리나라의 사월과 오월은 눈이 부시도록 찬란하다. 연둣빛 잎으로 자신의 색깔을 표현하며 각자의 몸을 숲속에 감춘다. 숲은 자신의 색을 지니고 침묵으로 살아가는 나무들의 마을이다. 그러나 사람 사는 세상은 코로나 19의 전염병 창궐로 한숨소리가 여기저기에서 들린다. 그럼에도 불구하고 우리에게 언제 태평성대의 시대가 있었던가. 늘 가난과 굶주림이 이 땅을 지배했고 권력자들의 탐욕은 민중들의 삶을 파탄 나게 만들곤 했다. 설상가상으로 이민족의 침략으로 사람과 국토는 유린당했다.

필자가 우리 역사 속에서 피와 땀과 눈물이 스며있는 장소들을 답사했던 이유다. 오천년의 역사를 이어온 우리 국토를 답사하는 일은 숭고하다. 피가 뜨거웠던 청년시절 이런 답사 행위를 위한 역사와 문학, 지리의 지식이 필요했다. 결국 고서를 통한 지식의 습득이 필요했다. 인사동의 고서점과 청계천의 헌책방을 자주 드나들게 되었던 이유다. 이런 인연으로 한국고서연구회에 회원으로 가입할 수 있었던 것은 행운이었다. 1984년 육군 병장으로 만기전역을 하고 국토답사를 하면서 군사독재에 저항하는 재야 분들과 어울려 다녔다. 1985년부터 1987년 6월 6·29선언까지는 직업도 없이 국토답사와 소위 민주화운동에 투신했다. 전두환의 6·29선언을 계기로 한 달 후에 직장 생활을 시작했고, 그해 겨울에 결혼을 할 수 있었다.

필자가 〈한국고서연구회〉와 인연을 맺은 것은 1989년 가을이었다. 당시 회장은 이상보 국민대학교 교수님이었고, 부회장은 박세록 선생님이었다. 당시 〈한국고서연구회〉 월례회의에는 30명쯤이 참석을 하였는데 필자가 가장 나이가 어렸다. 그럼에도 반갑게 인사를 받아 주시던 분 중의 한 분이 범우사의 윤형두 회장님이었다. 특히 《다리》지 사건으로 구속경험을 가진 분이라 마음속으로 존경을 하고 있었지만 표현은 하지 못했다.

대한민국이 IMF 구제금융을 신청할 무렵인 1997년 11월에 〈한국고서연구회〉(회장 윤형두)에서는 광주비엔날레 관람과 광주기행을 진행했다. 남영나일론 김종헌 전무가 한국고서연구회 총무이사였는데 차량과 식사를 포함하여 섬세하게 편의를 제공했다. 사모님도 함께 동행하셨던 광주기행을 통해서 윤형두 회장님의 자상한 지도력과 인간적인 매력을 느낄 수 있었다. 당시 월례회의는 주로 마포구 구수동에 있던 범우사 사옥에서 진행했다.

필자는 당시 K중소기업의 전무이사에 근무하면서 매우 분망하였지만 〈한국고서연구회〉 월례회의에는 빠지지 않고 참석했다. 고서수집에도 열정을 다할 수 있었으며, 무엇보다 윤형두 회장님의 솔직성과 인간적인 친화력을 직접 목격하고 더욱 존경하게 되었다. 이런 존경과 신뢰를 가질 수 있었던 것은 전적으로 1995년 발간된 윤형두 화갑기념 자전 에세이 《아버지의 산 어머니의 바다》였다. 이 책을 완독하고 윤형두 회장님의 60평생을 이해할 수 있었다. 당시에 마음속으로는 한없는 존경심을 가지고 있었지만 차마 고백은 할 수 없었다.

필자는 주로 근대시집 등을 주로 수집하고 있지만 《아버지의 산 어머니의 바다》는 지금까지 잘 간직하고 있다. 삶이 어려울 때는 솔직하게 인생을 고백한 이 에세이집 통해서 용기를 얻고 인내를 하며 살아가고 있다. 특히 월간 《다리》지 사건에 관해 1994년 11월에 발표했던 〈분단시대의 피고들〉을 수록한 솔직한 내용들과 진실성은 필자의 가슴을 흔들었다.

2003년 봄에 이상보 박사님께 부탁하여 범우사 윤형두 회장님을 찾아뵙기도 했다. 그런 인연으로 필자는 범우사에서 발간하는《책과 인생》에 수필을 발표하여 임헌영 선생님으로부터 추천을 받기도 했다. 2005년에는《책과 인생》에 문학기행을 5회쯤 연재하기도 했다. 이후 필자는 기업에서 퇴사하고, 국제PEN한국본부 상근 사무총장으로 근무하면서 이상보 박사님을 모시고 50회쯤의 문학기행을 진행했다.

2011년 봄에 대한출판문화협회 윤형두 회장님은 국제PEN한국본부 사무총장으로 근무하고 있던 필자를 서울국제도서전의 집행위원으로 선임해주셨다. 더욱 고마운 일은 코엑스에서 매년 개최되는 서울국제도서전의 전시부스 5칸을 무료로 PEN에서 사용할 수 있도록 하셨다. 2011년 6월 서울국제도서전에서 PEN회원 약 800명의 대표작을 전시할 수 있었으며, 당시 대통령 영부인까지 관심을 가지시고 직접 PEN부스를 방문하셨다.

2012년 9월 경북 경주에서 제78차 국제PEN총회가 개최되었다. 국고 7억원, 지방비 4억, PEN기금 4억을 포함하여 모두 15억 원이 소요된 큰 대회였다. 당시 국제PEN한국본부 이사장은 이길원 시인으로 동분서주 하면서 대회 자금을 확보하며 혼신을 다하셨다. 필자는 이 대회의 총괄 실무책임자로 고생은 하였지만 수많은 사람들을 만날 수 있었고 다양한 경험을 하였던 것은 행운이었다. 특히 PEN총회 기간에 노벨문학상 수상자들의 특별전시회 및 서울국제도서전 전시 후에 보관하고 있던 PEN회원 대표작 800권의 단행본을 전시했다. 87개국 250여 명의 해외 작가들은 노벨상수상자들의 특별전시회보다는 우리나라 PEN작가들의 다양한 저서 전시회에 큰 홍미를 보였다. 5박 6일간의 대회를 마치고 이 책을 다시 서울로 옮기는 것이 쉽지 않아 당시 최양식 경주 시장님에게 기부할 의사를 전달했다.

최양식 시장님은 한발 더 나가 〈제78차 국제PEN총회기념관〉을 건축하여 이 책을 전시하겠다고 하셨다. 지금의 대릉원 앞에 〈문정헌〉은 이런 계기로 만들어졌다.

문정헌文井軒이 있던 자리에는 신라시대 우물이 있었다. 이를 바탕으로 2013년 당시 국제PEN한국본부 이사장이었던 이상문 소설가가 문정헌이라는 당호를 지으셨다. 한옥 2채를 약 3억 5천만 원의 경주시의 예산으로 리모델링하여 국제PEN대회기념관으로 조성한 것이다.

필자는 2013년에 국제PEN한국본부 3,800명 회원에게 이 사실을 알리고 회원 대표작 기증 운동을 시작했다. 단행본 5,000권을 확보하여 문정헌이 오늘날 작은 도서관이 될 수 있도록 한 것은 큰 자부심이다. 그때부터 지금까지 이곳은 경주시민들의 소박한 안식처가 되고 있다.

그러나 경주 문정헌은 범우사 윤형두 회장님이 아니었으면, 건립될 수 없었음을 이 글을 통해 처음으로 밝힌다. 2011년 6월 서울국제도서전의 코엑스 5부스의 전시공간의 기부가 없었다면, 문정헌은 오늘날 존재하지 않았다고 확신하기 때문이다.

범우사는 우리나라 많은 출판사 중에서 가장 명망 있는 곳 중의 한 곳이다. 윤형두 회장님은 유년시절과 청년시절에 비록 가난하고 열악한 환경이었지만 이를 탓하지 않으시고 지조 있는 출판을 위해 목숨을 걸었고 끝내 성공한 분이다. 1935년에 태어나신 시대가 말해주듯 일제강점기와 해방전후사의 혼란과 한국전쟁에서 살아남아 서슬 퍼런 독재의 시기에 출판의 길을 선택하여 범우사를 우리나라의 대표적인 출판사로 만드셨기 때문이다.

이것은 사람과의 관계를 우선하는 "인간 대 인간의 성공이 최대의 성공"

이라는 평소 철학이 있었기 때문에 가능했을 것이다. 필자는 윤형두 회장님을 통해 겸손한 친화력과 비굴하게 살지 않겠다는 정의감, 밝은 인사법을 배웠다. 그러나 윤형두 범우사 회장님의 다음과 같은 말씀은 평생 책을 수집한 필자가 가슴에 새겨야 할 격언이기에 감히 마지막에 인용하려고 한다. 이보다 더 책에 관한 진지한 담론은 없다고 보기 때문이다.

> 책과 더불어 살아온 내가 책을 떠난 나의 삶을 가끔 꿈꾸곤 한다. 그러나 곧 그것은 분명 유혹이요, 자기를 잃어가는 것을 깨닫는다. 그 깨달음 다음에 나는 나의 좌우명인 '책과 더불어 꾸준하게 한 길을'이라는 다짐을 새로이 한다.
>
> 앞으로도 과욕 때문에, 오만 때문에 또는 허영 때문에 책과 더불어 사는 생활을 떠나려는 유혹에 빠질까 두렵다.
>
> 그동안 가끔씩 찾고 마음에 떠올렸던 좌우명을 이제는 하루에 한 번씩 마음에 새기고 새겨 석각石刻의 홈처럼 깊이깊이 파놓으리라.
>
> 책이란 영상 속에서 떠나지 않는 나를 간직 하리라.
>
> — 범우 윤형두 문집 II 《책의 길 나의 길》 중에서 부분 인용

이즈막 나무들은 자신의 가지에 새 잎을 달고 팔랑거린다. 차별화된 녹색의 향연이 시작된 것이다. 이 시기는 가을의 단풍보다도 어쩌면 더 신비하고 아름답다. 앙상하던 나뭇가지에 새 잎이 돋아 초록 숲이 된다. 이 녹색의 향연 속에 우리의 사월과 오월은 사람들의 가슴을 흔든다.

코로나19의 경제 한파에도 이렇게 늦봄은 또 와서 다양한 꽃들이 피고 지고 나무들은 자신의 색을 발하고 있다. 사람과 사람의 물질적인 거리를 멀게 만들고 있는 작금의 위기상황도 '책과 더불어 꾸준하게 한 길을', '인간 대 인

간의 성공이 최대의 성공'이라는 범우사 윤형두 회장님의 좌우명을 실천한다면 반드시 극복할 수 있을 것이다.

대를 이은 인연

김 현

(법무법인 세창 대표변호사 · 전 대한변협 회장)

범우 선생 하면 비전 있는 출판인, 뛰어난 수필가, 봉사하는 로타리안의 이미지가 떠오른다. 범우 선생은 젊은 시절인 1966년에 범우사를 세웠다. 창간 54주년을 진심으로 축하드린다. 첫 출판물은 국어학자 양주동의 《사향의 염》이었다. 1960년대 우리 출판계는 황무지였다. 필자도 독자도 없었으며 종이 등 출판의 원자재도 없었다. 그는 소명의식 하나로 출판에 투신해 범우사를 최고의 종합출판사로 성장시켰다. '출판 명예의 전당'이 있다면 첫 번째 후보자로 꼽힐 것이다.

범우사는 다양한 양서를 참 많이 발행했다. 누구나 좋아하는 〈범우문고〉가 318권에 이른다. 범우문고 제1권은 1976년에 나온 피천득의 《수필》이고, 제2권은 법정스님의 《무소유》다. 두 권 모두 전 국민의 사랑을 받는 스테디셀러다. 1992년부터는 대중 독서교양지 《책과 인생》을 발행해 오고 있다. 누구나 쉽고 재미있게 읽을 수 있도록 꾸몄다. 사람이 책을 만들고 책이 사람을 만든다는데, 범우문고는 국민의 지식과 교양수준을 높이는데 큰 기여를 했다고 본다.

출판에는 사장의 인격과 생각이 강하게 반영된다. 범우사가 내는 책은 선택에 까다로운 범우 선생이 직접 골랐으니 모두 양서라는 평가를 받는다. 이미 5천여 종이 넘는 책을 발간했는데 그 중에서 한 권도 비난받는 책이 없다는 것은 범우 선생의 인격이 그러한 책을 용납하지 않기 때문이다. 그는 당장은 손해를 보더라도 양서만을 골라 출판하겠다는 말을 입버릇처럼 한다. 영리에 집착하지 않고 민족의 앞날을 위해 조상들이 발전시켜 온 문화를 발굴하고 가꾸어 책으로 남기려는 원대한 꿈을 가지고 있는 것이다.

특히 범우사가 야심적으로 펴낸 《한국전적 인쇄사》와 《한국의 고지도》는 인쇄와 종이 장정 글씨체가 최상이어서 명품으로서의 예술적 가치를 가진다. 비용을 아까워하지 않고 오직 최상의 책을 내려는 의욕을 가진 범우만이 만들 수 있는 보물이다. 《한국전적 인쇄사》를 내면서 범우 선생은 '극소수의 사람이라도 이 책을 봐주고 이로 인해 이 분야 연구가 진일보된다면 그 이상 보람은 없다'고 소회를 밝혔다.

이 같은 공로를 인정받아 1978년 범우는 〈범우에세이선〉으로 독서대상 제작상을 받는다. 1988년에 출판유공자 대통령표창, 1989년엔 《출판물 유통론》으로 제작·연구부문 출판학회상을 수상한다. 1990년엔 《한국전적 인쇄사》로 한국출판문화상 출판상을 받았다.

2004년에 필자는 《건설판례 이해하기》라는 책을 범우사에서 펴냈다. 《국토와 교통》이란 건설 전문지에 5년간 건설에 관한 판례해설을 연재하던 것을 묶어 예쁜 책으로 낸 것이다. 2008년에 제2판을, 2012년에 제3판을 출간해 건설업계에 작은 도움을 드릴 수 있어서 범우 선생에게 늘 고맙게 생각한다. 앞으로 또 책을 낼 기회가 있으면 반드시 범우사에서 출판해야지 하고 생각한다.

책을 끔찍하게 사랑해 2011년 87세로 돌아가시기 직전까지 하루에 다섯 시간씩 독서하시던 나의 아버지 문곡 김규동 시인께서는 범우 선생과 각별한 사이이셨다. 1995년 범우 선생의 회갑을 맞아 아버지는 '벽을 비추는 빛'이라는 시를 지어 축하하셨다.

황야를 가는 나그네 손에 들렸네
한 권의 책이
부서진 마음의 조각 거기 담겼네
얼음판 위에서도
태풍 몰아치는 역경 속에서도
아니 불 속에서도
눈만 뜨면 책
먹는 것 입는 것 다 잊고
책을 만든 사람
어느덧 회갑 맞는 그대
수필가 윤형두
오, 인생 백 년에
그대의 일편단심
산같이 바다같이 영원하리

작가인 아버지에게 범우 선생은 출판인보다는 수필가로서 동료 작가였다. 그는 1972년 월간 《수필문학》에 〈콩과 액운〉을 발표하면서 수필 집필을 시작했다. 《다리》지 사건으로 수감생활을 할 때 먹던 콩밥 이야기인데 소재가 특이하고 문제의식이 번득여 호평을 받았다. 그는 순천문학상을 받았으며 수많은 수필집을 발간한 뛰어난 수필가이다. 〈연처럼〉 〈10월의 바다〉 〈경마〉 〈인고의 주름〉 등이 대표작이다.

그는 고교 시절 문예부장을 지냈고 월간 종합지《신세계》주간,《고시계》《법제》《민주당보》의 편집장으로 탄탄한 필력을 키워 온 것으로 보인다. 그의 수필은 정직하고 차분하며 겸손하면서도 자석처럼 사람을 끄는 매력이 있다. 온갖 격랑을 겪어 한 시대를 보는 안목이 예리하면서도 큰 목소리 대신 낮게 울리는 목소리를 낸다. 문재가 뛰어난 데다 그동안 쌓은 인문교양으로 고상함과 힘을 고루 갖추고 있다.

그는 여수 돌산도에서 홀어머니의 수줍은 외아들로 자랐다. 거룻배로 여수 초등학교를 통학하면서 선생의 낙천성과 강인한 기질이 형성되었다. 어머니는 서울로 유학간 아들이 친구들을 데리고 와 가난한 살림을 축내도 늘 자애롭게 아들의 친구들을 대해주셨다. 나도 1980년경 대학 시절 청운의 꿈을 안고 돌산도에서 잠시 고시공부를 한 적이 있다. 그때에는 돌산대교가 없어서 거룻배를 타고 건넜다. 돌산 갓김치를 지금도 참 좋아하는데, 그때 맛본 기억 때문이다. 생각해보면 범우 선생은 갓김치 같이 농익은 깊은 맛을 지닌 분이다.

범우 선생의 진면목은 월간지《다리》필화사건에서 나타난다. 1970년 범우 선생이 창간한《다리》는 지식인들에게 인기가 높았다. 발행부수가 6만을 넘었으며 리영희, 한승헌, 김지하, 김동길, 장을병 등 쟁쟁한 지성들이 정권을 통렬하게 비판했다. 1970년 11월호에 실린 문학평론가 임중빈 씨의〈사회참여를 통한 학생운동〉이 문제가 되었다. 1971년 검찰은 임중빈 필자와 범우 주간, 윤재식 발행인을 반공법 위반으로 전격 구속했다. 추가 연루자를 끌어들이려는 박 정권의 엄혹한 수사에도 범우는 혼자 책임지겠다며 끝까지 버텼다. 100일 동안 변호인 접견도 금지된 채 고생을 감수했다. 한승헌 변호사님의 변론과 송건호 씨, 남재희 씨 같은 언론인들의 증언 덕분에 1심·2심·3심 모두 무죄판결을 받았다. 유신독재 시절 반공법 필화 사건에서 무죄는 거의 나지 않는데 놀라운 일이었다. 그 후에도 그는 독재정권의 압력에 굴하지 않고 당당한 신념을 꺾지 않았다.

그는 아호 범우汎友가 말해주듯 사람을 사귀는데 있어서 모든 것을 포용한다. 아침에 출근하면 청소하는 아주머니들에게 반가운 인사를 보낸다. 집배원이 며칠 보이지 않으면 연유를 묻고, 상을 당해 쉬었다고 대답하면 따뜻한 조의를 표하며 조의금을 건넨다. 사람과의 인연을 중시하고 격려와 칭찬을 아끼지 않는다. 소박하며 낙천적이고 다정다감한 성품이다. 성실 근면한데다가 누구에게나 쉽게 다가가 호감을 사는 사교성까지 지니고 있다. 그윽하고 은은한 향기가 나는 스타일이어서 들뜨거나 세파에 휩쓸리지 않고 호젓하게 자기의 길을 간다.

그는 드문 효자다. 일찍이 남편을 잃고 아들만을 위해 사셨던 자애로운 어머니께서 회갑을 겨우 넘겨 타계하셔 범우 선생의 비통함은 이루 말할 수 없었다. 10년간을 혼자 꽃을 들고 신세계 공원묘지의 어머니 묘소를 찾았다. 그는 어머니를 그리는 〈인고의 주름〉 〈나의 어머니〉같이 가슴 뭉클한 수필을 많이 썼다. 〈효〉라는 책을 출판해서 청년들에게 효의 중요성을 강조하기도 했다.

나는 1993년부터 20여 년간 범우 선생과 정동로타리클럽 활동을 같이 해왔다. 봉사와 친목을 목적으로 하는 로타리클럽에 범우 회장은 각별한 열정을 쏟아 부었다. 서울역 앞 쪽방 사람들에게 정기적으로 쌀을 가져다주고 어린이집 어린이들을 방문해 격려하고, 형편이 어려운 고교생들에게 장학금을 건넸다.

매주 화요일 오전 7시 15분, 정기주회에서 월간 《책과 인생》을 나누어주고 훌륭한 강사들을 모셔 강연을 들었다. 그는 기업의 사회에 대한 기여에 관심이 많아 1991년 범우출판장학회를 설립하고 30여 년 동안 거액의 장학기금을 내놓았다. 전국 대학원과 대학에서 출판학을 전공하는 우수한 학생을 선발해 장학금을 준다. 나는 2019년 가을 파주출판문화도시 범우사 정원에서 열린 소박한 장학금 수여식에 참석한 적이 있다. 여태까지 무려 278명의 인재에게 3억 원이나 되는 장학금을 쾌척했다. 장학생 출신들이 출판학 교수나 출판사 임직원으로 활약하고 있어서 든든하다.

2003년에는 범우출판문화재단을 세워 장학사업과 학술 연찬사업을 더욱 가열차게 벌이고 있다. 그는 수필 〈비명〉에서 "많은 벗들이 '여기 인간답게 살다 간 한 무덤이 있다'고 비명을 새기며 못내 죽음을 아쉬워하는 내가 되어 보자"고 다짐한다. 그러한 삶을 실천하고 있는 범우 선생이 더욱 건강하고 행복하시기를 빈다.

범우출판장학회 30년을 맞이하면서

박 원 경

(범우포럼 제5대 회장)

범우출판장학회는 출판문화창달과 유능한 출판인의 양성을 위해 설립되어 1990년부터 30여 년간 278명에게 장학금을 지급하였다. 설립 이래 30년 동안 단 한 번도 거르지 않고 장학금을 지급해왔다.

출판사업 수익의 사회 환원 차원이라지만 출판계의 어려움은 이미 모두 잘 알고 있기에 국내 유일의 출판장학재단 설립을 하신 범우사 윤형두 회장님의 노고가 새롭다. 그 많은 돈은 어디에서 나올까? 윤형두 회장님은 부자이신가? 범우사는 재벌회사인가? 출판관련 독지가가 그렇게 많은가?

필자는 윤형두 회장님의 단짝이신 한승헌 변호사님이 설립한 한국저작권연구소 현소장이며 저작권 강의를 할 때마다 '21세기 부자가 되는 법'이라는 강의 제목을 잘 사용한다. 사실 '21세기 부자가 되는 법'의 '법'은 방법이 아니라 법률, 저작권법이다. 그러나 법률 강의에 대한 거부감을 줄이고 딱딱한 법을 좀더 친숙하게 이해시키기 위해 이 제목으로 많은 강의를 해왔다. 부자에 대한 강의는 늘 인기가 있다. 이 제목의 강의 키워드는 '21세기', '부자', '법' 3가지이다. 따라서 부자에 대한 언급을 자주 하게 된다. 첫 강의 시간에 고정적인 질문을 한다.

"당신은 부자가 되고 싶으신지?"

모두 그렇다고 한다.

"부자가 되면 그 돈으로 무엇을 하시렵니까?"

대부분 사람들은 자신과 가족들과 함께 좀 풍족히 쓰고 난 뒤, 그 다음 좋은 일에 쓰고 싶다고 한다. 사실 돈이 있다면 좋은 일에 쓰겠다는 사람들은 많다. 그래서 좋은 일을 하기 위해서는 먼저 부자가 되어야 한다.

부자의 정의나 개념은 여러 가지일 수 있다. 우리나라의 부자 개념은 살고 있는 집 빼고 약 10억 이상 현금동원력, 또는 연봉 1억 내지 2억, 금융소득 4000만원 이상 등이라고 한다. 우리나라의 부자 유형은 금수저, 은수저 운운하는 유산상속형은 10%도 안 되고 거의 모두 자수성가형이다. 그 자수성가형 중 10%는 지독한 알뜰형, 30%는 전문가 집단, 50%는 자기사업집단이라 한다. 자수성가형 부자의 특징은 빈손으로 시작하여 절약정신이 투철하다. 그러나 그들은 올바른 것을 파악할 줄 알고 신용을 아주 중요시 하면서 집요하게 집중하며 과감하게 투자한다고 한다.

우리 윤형두 회장님은 여기에 해당하는 자수성가형 부자이신가? 아니 마음만 부자이신 것 아닌가?

이런 질문을 하는 것은 존경하는 스승에게 너무 큰 실례의 말씀을 드리는 것이 아닌가 해서 주저되기도 하지만, 스승의 수필집에서 '가난한 내가 미워 언덕에 서서 한없이 눈물을 흘렸다'는 그 글 구절이 늘 내 마음에 애잔한 슬픔으로 자리 잡아 있기 때문이다. 그 아름다운 소년은 이제 후학을 위한 장학금을 지급하시는 훌륭한 은발의 노신사가 되어 계신다.

범우, 널리 벗을 사귀시는 스승은 출판문화 발전에만 돈을 쓰시는 것이 아니다. 돈이 없어 힘이 없는 이들의 처지를 잘 아신다. 자녀 등록금이 없거나, 외국에서 우연히 만난 힘든 분에게도 말없이 나누신다. 요즘은 오랫동안 소장하고 계시던 고서들을 장학금을 위해 팔아서 현금을 마련하고 계시다. 그동안 아끼시던 소중한 고서들이 이제는 미래 세대 인재를 키우기 위한 자본이 되고 있는 것이다. 매달 셋째 수요일 열리는 고서경매장에서 스승의 이러한 '삶의 흔적'을 만나는 되는 기쁨을 맛본다. 정작 회장님 자신은 가족들에게도 풍족하게 못해 주셨다는 것을 아는 나는 스승과 스승의 온 가족들 모두에게 마음이 쓰인다.

한국 사서협회 회장을 연임하고 지금은 한국 사서협회 명예 회장인 나는 한 때 대학전공인 도서관학이 너무 싫어 대학 3학년 때 위장취업을 하기로 한 적이 있었다. 박정희 대통령 말기, 대학교는 연일 데모와 갈등과 사회적 불만은 최고조에 달했다. 대학교 3학년 때 난 더 이상 학교를 다니지 않기로 했다. 당시 거주하던 여의도 아파트에서 나와 한강다리를 건너오면 허름한 작은 출판사가 있었다.

"대학 3학년? 그것도 도서관학과?"

"네, 등록금이 없어서……."

"집은 여의도 아파트?"

"네, 친척집입니다."

이것 저것 다 물어 보신다. 출판사에 취직해 책 만들고 싶다는 그 생각만으로 자꾸만 거짓말을 하였다. 직원도 없이 험한 일 혼자 하시던 출판사 사장은 말없이 먼지 투성이 손을 딱고 나를 정면으로 앉혀 놓고 말씀하셨다.

"대학 1년을 마쳐라. 등록금이 없다면 내가 빌려줄 테니 졸업 후 천천히 갚아라. 도서관 사서로 일하기 싫으면 그 때 여기 와서 출판사 일을 해라."

결국, 등록금을 빌리지는 않았지만 오랜 세월 내내 출판 일을 하시는 분들은 훌륭하다고 뇌리에 박혔다. 나는 도서관학과에 다시 복학을 했고, 졸업 후에는 신문방송학 중 출판으로 석사 전공을 하게 되었다. 그 석사과정 출판

전공을 하면서 한승헌 변호사님과 윤형두 회장님을 스승으로 뵙게 되었다. 두 분 모두 나의 인생의 귀인이시지만 1976년에 대학 마지막 등록금을 빌려주시겠다는 그 출판사 사장님은 존함도 출판사 이름도 모르지만 윤형두 회장님을 뵙고 나는 그 출판사 사장님을 찾았다고 생각한다.

1979년 말 박정희 대통령은 저격당하고 뒤 어수선한 사회를 뒤로 하고 남편을 따라 유학길을 올랐지만 미국에서 두 아이를 낳고 기르면서 학업의 길은 점점 더 멀어져 귀국 후에는 심한 자괴감에 빠져 있었다. 그러나 대학원에 진학 후 두 분 은사님의 영향으로 출판학을 전공하면서 나의 인생 길은 방향이 나오기 시작하였다.

우리나라가 1987년에 세계 저작권협약에 가입하면서 국제출판계약 전문가로 활동을 시작하게 되었다. 약 50명이 넘는 대형 로펌에서 국제계약을 하는 부장이지만 사실 법적 이력이 부족했다. 그래서 법학박사라는 새로운 날개를 달고자 할 때 이 범우출판장학금을 받게 되었다.

너무 감사하여 장학금의 취지에 따라 다른 출판전공자에게 주어야 되는 것이 아닌가 생각도 들었지만 1997년 그 등록금처럼 나는 저작권 무료상담을 통하여 많은 출판인을 위한 봉사를 하게 되었다.

범우장학금 수혜자들은 범우출판포럼을 2000년부터 발족하여 자체적으로 학술 교류를 강화하고 국내외 세미나와 많은 프로젝트를 하고 그 결과물들을 집대성하고 자료집을 만들어 내고 있다.

범우출판포럼은 부길만 초대 회장님, 윤세민 회장님, 이문학 회장님, 김정숙 회장님을 거쳐 국내뿐 아니라 세계적으로 출판학 연구의 학문적 깊이와 범주를 넓히는데 많은 기여와 발전을 해 왔다.

윤형두 회장님은 저술가, 학자, 민주화 운동가, 출판인 교수님 회장님 등등 어떤 직함과 호칭도 모자라지만, 범우장학회를 만드시고 투자하여 세계적인 출판 인재풀을 만들어 놓으신 이 시대의 최고의 저작권 부자라고 부르고 싶다. 우리도 이와 같은 자세로 범우출판장학회의 새로운 30년을 위해서 출판인재 양성에 주력해야 한다.

코로나 사태 등, 인류에 아무리 어려운 시대가 오더라도 문제해결의 황금열쇠는 출판물이라고 굳게 믿는다.

범우 윤형두 출판역정 54년, 그 이문회우以文會友의 삶

이 석 연

(변호사 · 전 법제처장)

以文會友 以友輔仁

글로써 벗을 모으고,

벗함으로써 서로의 인덕을 돕고 높힌다.

—《논어》 안연편

윤형두, 그는 자유인이다. 그의 수필의 백미라 할 수 있는 〈연鳶처럼〉에서 소년시절부터 자유인으로서의 그의 기질을 엿볼 수 있다. 소년시절 그가 날리곤 했던 초라한 가오리연이 왕연王鳶의 횡포와 위세에 맥없이 실이 끊어지면서 허공으로 날려간다. 하지만 그는 희미하게 자취를 남기며 사라져간 연을 동경하고 꿈꾼다. 당시 강박관념처럼 그를 짓눌리곤 했던 가난과 고독, 수모를 겪지 않을 자유로운 세계를 꿈꾼 것처럼.

40대 초반에 쓴 그 글에서 고백한다.

"마음이 만들어 버린 속박, 눈으로 느낄 수 없는 질시와 모멸, 예기치 못했던 이별이 나를 엄습할 때면 나는 줄 끊어진 연이 되어 훨훨 하늘여행이 하고 파진다."

그가 쌓아 온 출판인, 문필가, 생활인으로서 숱한 업적의 기저에는 이와같은 자유인으로서의 신념과 소신이 뒷받침 되었기에 가능하였다고 나는 확신한다.

30여 년 전인 1991년 10월 나는 스페인 바로셀로나에서 열린 세계법률가대회에 참석하고 일행과 함께 그리스 크레타섬을 찾았다. 크놋소스궁전 유적지를 답사하기에 앞서 불후의 명작 《그리스인 조르바》를 쓴 니코스 카잔차키스의 묘비를 찾은 적이 있다.

나는 아무것도 바라지 않는다
나는 아무것도 두려워하지 않는다
나는 자유다

그가 생전에 직접 쓴 묘비명, 그 당시 별 감흥 없이 메모한 것을 최근 다시 보면서 이제야 절절히 자유인으로서의 삶이 어떤 것인지 가슴에 다가온다. 카잔차키스 그는 일생을 여행과 꿈으로 점철시킨 진정한 자유인이었다. 나 역시 지금부터라도 자유인으로서 살고자 귀거래사를 읊조리던 차에 이 글을 쓰면서 윤형두 회장의 인생역정에서 또 하나의 자유인의 참 모습을 보는 것 같아 흡족해마지 않았음을 고백한다. 만약 윤형두 회장이 생전에 묘비명을 미리 쓴다면 자유인의 취지를 담은 한 문장 정도는 들어가야 하지 않을까?

윤형두, 그는 한국 출판문화를 이끌어온 원로元老다.

나는 중국 남송 때의 시인 육유陸游의 〈유산서촌遊山西村〉이라는 한시를 즐겨 암송한다. 특히 끝부분의 두 구절을 좋아한다.

山重水複疑無路

柳暗花明又一村

산 첩첩 물 겹겹 길 없는 듯 싶더니

버드나무 우거지고 꽃잎 화사한 곳에 또 마을 하나가 있네

이 구절을 읊을 때마다 가야 할 길을 알고 돌아가는 자의 앞길에 꽃잎 화사한 또 하나의 마을이 있다는 것을 몸소 보여주는 강직하고 아름다운 원로들의 뒷모습을 그려보곤 한다.

우리 사회에는 존경할만한, 젊은이들의 귀감이 될만한 원로가 거의 없다. 원로가 없다는 것은 그만둘 때가 되었는데도 물러나지 않고 권력욕, 명예욕, 물욕에 집착하는 노욕 때문이다. 그런가 하면 어느 분야에서 이룩한 업적을 발판으로 권력과 명예를 찾아 기웃거리다가 그동안 쌓아온 명성마저 와르르 무너뜨리게 된 데 있다. 노욕에 사로잡혀 추한 모습을 보이고 비참하게 퇴장한 원로들을 그간 수없이 보아왔다.

나는 이상득의원이 구속되어 재판을 받고 있을 때 구치소로 접견을 간 적이 있다. 사건을 수임한 변호사가 아니라 도의상 찾아간 것이다. 그때 이상득의원은 동생인 이명박이 대통령에 당선된 직후 큰아들이 자신에게 "이제 모든 공직에서 물러나 편히 쉬시라고 했다"고 말하면서 고개를 떨구던 모습을 기억한다. 만일 그때 장남의 요청대로 모든 직위에서 물러나 초야에서 유유자적했더라면 존경받는 원로로서 남지 않았을까 하는 아쉬움이 있다.

물론 사람의 욕심은 끝이 없다. 하나를 얻으면 또 하나를 얻고 싶어하는게 인지상정이다. "말 타면 경마 잡히고 싶다"는 속담도 그런 보편의 심정을 대변하고 있다. 문제는 정도를 벗어난 탐욕이다. 멈춰야 할 때 멈추지 못하는 것이 바로 탐욕의 속성이다. 추醜하다는 것은 바로 멈추지 못함에서 오는 욕

망의 과잉이다. 시인 이형기는 〈낙화〉라는 시에서,

가야 할 때가 언제인가를
분명히 알고 가는 자의 뒷모습은
얼마나 아름다운가

라고 읊었다. 아름다움은 바로 가야 할 때를 아는 자족自足에서 출발한다.

법정스님은 말한다 "나이 70이 넘어서도 어떤 지위에 집착하는 것은 통행금지시간이 지났는데도 길을 가는 것과 같아서 위태롭다"고. 로마의 정치가이자 철학자인 키케로는 폐부를 찌르는 얘기를 한다— 노욕은 나그넷길은 얼마 남지 않았는데 노자路資를 더 마련하겠다고 하는 것과 같이 어리석은 일이다. 원로가 없는 사회는 삶의 풍경이 경박해질 수밖에 없다.

윤형두 회장은 1970년대 초 이른바 《다리》지 필화 사건에서 보듯이 군사독재 암울했던 시절 민주화 투쟁에 참여했다. 그 후로도 출판을 통한 민주화 운동을 꾸준히 전개해 왔다. 그로인해 물질적, 정신적으로 불이익을 받기도 했다. 민주화 운동을 주도하던 인사들과 깊은 교분을 맺으면서 고락을 함께 해 왔음은 잘 알려진 사실이다. 그 후 민주화 세력이 집권하고 힘든 시절을 함께 해왔던 분들이 권력의 전면에 나서게 되었다.

윤형두 회장도 마음만 먹으면 정계에 진출하거나 관련 공직 한 자리쯤은 충분히 꽤찰 수 있었을 것이다. 그러나 그는 그렇게 하지 않았다. 그는 권력의 세계와 일정한 거리를 두면서 출판인으로서의 자세를 지금까지 견지하고 있다. 그가 쓴 글을 보면 종종 정치인 관련행사나 정부행사에 다녀와서 행사 분위기등과 관련하여 불편한 심기를 드러내면서 자신은 흔들리지 않고 갈길을 가겠다는 결의의 장면이 나온다. 나는 읽던 글을 멈추고 안도하면서 출판인 윤형두를 다시 생각하곤 했다. 그렇기에 누가 뭐래도 그는 오늘의 한국사회에서 출판문화와 독서문화를 이끌어온 존경할 만한 원로로서 자리 매김되었다고 본다.

내가 즐겨 읽는 사마천의 《사기史記》〈이장군 열전〉에 도리불언 하자성혜桃李不言 下自成蹊라는 명구가 나온다. 복숭아 나무와 오얏나무는 말이 없지만 그 아래 저절로 길이 생긴다. 즉 덕이 있는 사람 밑에는 따르는 사람들이 모여든다는 뜻이다. 참으로 멋진 말이다. 내가 가장 좋아하는 말이기도 하다. 진정한 원로의 역할이 무엇인지를 알려주는 사자성어가 아닐 수 없다. 윤형두 회장이야 말로 그 분야에서 바로 도리桃李의 역할을 했던 분이라고 말하고 싶다. 단순히 덕담 치레에 한 몫 끼려는 게 아니다. 그가 걸어온 86년 삶의 궤적이 그렇지 아니한가!

그는 어느 글에서 "나는 내가 직접 글을 쓰거나 다른 분들의 글을 모아서 책을 만들고 책을 파는 일로 (…) 남들이 만들어 놓은 좋은 책을 모으는 일로 평생을 살아왔다"고 고백한 적이 있다.

그는 한 마디로 《논어》(안연편)의 "이문회우 이우보인以文會友 以友輔仁"정신을 실천한 삶을 살아왔다. 글로 벗을 모으고 벗과 사귐으로써 서로의 인덕을 쌓아 삶의 질을 가꾸고 높여온 것이다.

나 역시 범우문고를 비롯, 범우사상신서, 범우세계문학, 범우고전선 등을 통하여 지금까지도 지식과 지혜의 자양분을 흡수하고 있다. 그런 점에서 사사로운 인연을 떠나 그가 깔아준 글을 통하여 나도 그의 벗이 되어 내삶을 풍요롭고 돈독히 하고 있다고 하겠다.

윤형두, 그는 문필가(수필가)다. 그의 뛰어난 필력과 다양한 문력文歷이 출판인으로서의 비중에 가려진 감이 없지 않다. 나는 그의 수필의 정수를 모아놓은 수필집 《바다가 보이는 창》을 늘 가까이 두고 본다. 그런가하면 그의 여행기와 일기체의 글 등도 흥미롭게 읽곤 한다.

문여기인文如其人— 글은 곧 그 사람이다 란 말이 있다. 글 속에는 그 사람의 성정과 인품이 묻어난다. 문자향文字香이다. 그의 글에는 섬세함과 외로움, 서글픔이 묻어 나면서도 끝맺음의 울림이 묵직하다. 때로는 애둘러 표현하는 현실비판과 접촉인물에 대한 솔직한 호오好惡의 감정이 절제된 문장으로 녹아있다. 나는 《책과 인생》에 연재 중인 〈한 출판인의 사초私草〉를 빠뜨리지 않고 읽는다. 일기체의 다소 산만한 구성이라서 가볍게 읽다보면 어느덧 깊이 빨려든다. 그 행간에서 그 시절 그 시대의 체취를 느낄 수 있고 인간관계에서 오는 심적 갈등을 표출한 장면에서는 인간 윤형두의 진면목을 엿보기도 한다.

산악인이기도 한 윤형두 회장은 2000년 60대 후반의 나이에 아프리카 킬리만자로 등반 중 맹장이 파열된 상태로 열흘을 버텨 일정대로 귀국한 적이 있다. 당시 그는 극도의 고통을 참으면서 초인적 의지를 발휘하고 있다(《책과 인생》 2000년 5, 6월호 〈한 출판인의 사초〉), 극한의 과정에서도 그는 여정을 기록하고 있다. 그러면서 다짐한다.

"헤밍웨이는 〈킬리만자로의 눈〉이란 작품에서 다가올 죽음을 예감하면서 지나온 생애를 회상하는데 나는 살아서 정들었던 사람과 나를 괴롭혔던 사람들의 삶을 보기 위해서도 살아야 한다"고.

헤밍웨이의 명작 《킬리만자로의 눈》, 나는 이 소설과 동명의 영화를 두어 차례 번갈아 가면서 읽고 본 적이 있다. 책의 여운과 영화의 잔영이 지금도 눈에 선하다.

상류사회로 진입하여 돈 많은 여자와 결혼한 주인공(작가)이 아내와 사파리여행을 하던 중 킬리만자로의 산 아래에서 괴저병에 걸린다. 그는 서서히 죽어가면서 작가로서 자신의 재능을 사용하지 않은 채 수년 동안 안락과 편

안함만을 추구하다가 결국은 그의 열정과 욕망이 천천히 고갈된 자신의 과거를 회상한다. 그는 비록 육체적인 고통 없이 죽어가고 있지만 정작 그를 고통으로 몰고 간 것은 쾌락과 안락에 안주하여 자신의 재능을 꽃피울 기회를 잃어버린 그의 과거에 대한 후회였다.

그 배경과 상황이 우연히도 일치하는 킬리만자로에서 〈킬리만자로의 눈〉의 주인공이 죽음을 향해갈 때 윤형두 회장은 극도의 고통을 극복하고 무사히 귀국, 수술을 받고 쾌유할 수 있었다. 극한의 고통을 수반한 한계상황을 극복 가능한 희망의 무지개로 반전시킨 것이다. 그 후 20년이 지난 지금까지도 그는 일관된 소신과 열정으로 그의 길을 묵묵히 가고 있다.

범우사와 함께 한 그의 54년 삶의 역정에 축하의 말씀과 존경의 마음을 전한다. 범우사 창립 60주년, 70주년 때에도 한결같은 그의 모습을 기대하며 아울러 범우사의 앞길에도 깊은 신뢰와 응원의 박수를 보내고자 한다.

내가 바라본 범우사

이원규

(소설가)

범우사라는 이름이 내 머릿속에 새겨진 것은 50년 전이다. 중고교 시절과 대학 입학 직후에는 아직 범우사 책이 없었다. 1966년에 창립됐지만 1970년대 들어서 본격 출판을 시작한 때문일 것이다.

그러나 생애 전체에서 범우사 책이 준 영향은 컸다. 그 시작은 책이 아니라 윤형두라는 대학선배 이름이었다. 나는 당시 군 복무 중이었지만《다리》라는 월간지를 읽고 있었고 폐간된《사상계》를 대신할 것이라는 기대를 갖고 있었다. 그리고 곧 필화사건이 일어났다. 투옥된 편집인 윤형두라는 분이 대학선배라는 사실을 알고 어깨가 으쓱했다. 정의를 위해 저항하는 선배가 자랑스러웠다.

군복무를 마치고 복학한 뒤 루이제 린저 전집을 읽었다. 책을 낸 범우사의 대표가 필화사건으로 투옥됐던 그 선배님이라는 것을 안 뒤 대학친구들에게 말했다.

“이 출판사가 잘 되길 바라야지. 우리가 열심히 읽고 열심히 선전하자.”

국문과 복학생들은 직업 선택이라는 중대한 결정을 해야 했다. 국어교사가 되어 안정된 길을 가느냐, 잡지사나 명문출판사에 가서 출판기획을 배우고 출판가가 되느냐, 하는 두 갈래였다. 그때는 편집 대행사가 없었다. 문학 전공 복학생들이 사사社史나 비슷한 간행물을 알바로 맡는 경우가 많았다. 그래서 복학생들은 거의 편집기술을 익혔고 나도 그랬다.

출판의 길로 간 친구도 있었다. 대표적인 친구가 샘터사 주간과 아동문학가로서 명성을 떨친 고故 정채봉(1946~2001) 형이다. 교사는 방학이 있어 소설 쓰기 좋다는 매혹에 끌려 나는 교직을 택했다.

졸업한 뒤에 인천대건고교에서 국어교사로 일했고 독서지도를 열심히 한다고 인정받아 도서관장이란 직책도 가졌었다. 그 학교는 전문사서를 두고 학생 개인 독서카드를 관리하며 하루 500권 이상 대출했다. 무수히 많은 범우사 책들이 아이들에게 갔다. 범우사르비아문고는 학생들이 앞 다투어 빌렸고 에세이문고, 소설문고(현재 범우문고) 등도 좋아했다.

그 때 제자들은 지금 40대에서 60대가 되었다. 오늘 우리 사회의 중심을 이끌어가는 세대이다. 이들 세대는 내 동년배들보다는 많든 적든 범우사의 영향을 받으며 성장한 듯싶다. 한창 책을 많이 읽은 중고 대학시절, 그러니까 1970년대부터 1990년대에 범우사가 질량 풍부한 문학 교양 인문서 들을 줄기차게 펴냈기 때문이다.

물론 나도 범우사가 낸 인문 사회 문학 분야 책을 많이 읽었다. 대학시절 소설지망생의 필독서였던 백수사 한국문학전집과 정음사와 을유문화사의 세계문학전집을 청계천에서 헌책으로 사서 전질을 갖고 있었는데 범우사의 세계문학은 영문판 일문판의 중역이 아니어서 새로웠다. 특히 《어린 왕자》, 《인간의 대지》만 읽었던 생 텍쥐페리 선집을 범우사판으로 읽었고 아이들에게도 권했다.

그 무렵 《현대문학》의 장편소설 공모에 당선되었고 곧 교사직을 떠나 전업작가가 되었다. 이때 범우사는 가장 크고 가장 유명한 출판사는 아니지만 서서히 명문출판사로 떠오르고 있었다.

언제고 범우사에서 창작집을 내고 싶은 욕망도 있었다. 그러나 범우사는 창비, 문학과지성사, 현암사, 민음사, 고려원처럼 신인작가들의 소설집을 집중적으로 발간하는 기획을 하지 않았다. 나는 범우사에서 책을 내진 못했어도 늘 선망하고 신뢰하는 눈으로 바라보고 있었다. 책을 쓰는 문필가는 출판사가 돈이 되는 책 내기에만 매달리는가, 그보다는 양서 출판에 매달리는가를 책을 보면 알게 마련이다. 범우사는 후자에 속했는데도 〈무소유〉 〈수필〉 등 스테디셀러가 많았고 평판이 좋았다.

2000년대 초반, 범우사는 독자가 원하는 책, 시대의 정의를 구현하는 책을 냄으로써 한국출판계의 정점에 올라가 있었다. 나 같은 글쟁이들을 놀라게 한 것이 또 있었는데 장학재단을 만들어 매년 석박사과정 5~20여 명에게 300~400만원씩 장학금을 주고 있다는 것이었다.

문인 친구들끼리 이런 말을 할 때였다.

"망하기 바라는 미운 친구에게 문예지 창간하라고 권하거나 출판사 열라고 권한다."

출판의 정점에 오르려면 수많은 고비를 넘어야 하고 세상의 흐름을 읽는 비상한 통찰력과 예지력이 있어야 하는 것이다. 범우사는 잎이 무성한 거목처럼 우뚝 서 있었고 주렁주렁 열린 과실을 장학금으로 사회에 환원하고 있었다. 그 무렵, 나는 20권쯤 소설을 쓴 뒤였고 한동안 옆길로 빠져 약산 김원봉과 김산의 평전을 실천문학사에서 냈다. 다시 소설로 돌아가 대한제국 마지막 무관생도들 이야기를 쓰겠다는 욕심에 사로잡혔다. 중요한 등장인물이 일본 패전 후 미군에 전범으로 처형된 홍사익 중상이었다.

홍사익의 육필편지 여러 통을 윤형두 선배님이 소장하고 계신 걸 알았다. 그리하여 오랜 세월 존경해온 선배님을 찾아가게 되었다. 서소문 사옥으로 찾아가 자료를 보게 해달라고 떼를 썼다. 저의 책을 범우사에서 출판해 주십시오, 라고 떼쓰는 게 아니니까 그래도 된다고 생각했다.

"후배가 와서 책 쓴다고 달라고 하니 줘야지."

윤 회장님은 미공개 자료를 선뜻 복사해서 주셨다.

그 뒤 나는 한길사에서 《조봉암 평전》을 냈다 집필할 때 범우사가 복간한 죽산 선생의 《우리의 당면과업》과 반병률 교수의 《성재 이동휘 일대기》를 많이 인용했다. 편집작업을 할 때 여러 번 차를 몰고 파주 출판단지에 갔다. 한길사 이웃에 이사해온 범우사가 있었으나 홍사익 자료를 받고 책을 못 쓴 죄 때문에 언뜻 찾아가지 못했다.

얼마 후, 나는 50~60년대 학번 대학선배님들로부터 한 달에 한번 모이는 서클에 들어오라는 명을 받고 거기 나가 윤 선배님을 뵙게 되었다. 오랜만에 인사드리는 내게 《조봉암 평전》을 참 잘 썼다고 칭찬하셨다.

3년 뒤 나는 마침내 《마지막 무관생도들》을 탈고해 출간했다. 주석이 200개나 들어간 팩션으로 창작노트를 만들고 10년이나 걸린 책이었다.

윤 선배님은 10년이나 걸린 끈기를 칭찬하시고 이렇게 말씀하셨다.

"그 책을 세 번 읽었네. 실존인물들을 소설이라는 스토리라인에 풀어놓았더군. 중요인물 열댓 명을 약전으로 써서 우리 범우사 발간 《책과 인생》에 연재했으면 하네. 끝나면 단행본으로 내주겠네."

이런 말씀과 함께 십여 년 전에 내게 복사해주셨던 홍사익 장군의 육필편지 한 통을 주셨다. 나는 선물보다는 선배님 말씀이 더 기뻤다.

결국 작년 봄 18회로 연재를 끝냈고 칠십 줄에 들어서 범우사 출간 책의 저자가 되었다. 책 제목은 《애국인가 친일인가》, 범우사 책을 읽기 시작하고 50년 만의 일이었다.

몇해 전, 세종문화회관에서 열린 범우사 창립 50주년 행사에 간 기억을 잊을 수 없다. 50년 동안 5천여 권의 책을 발간한 범우사의 눈부신 성취, 그리고 윤형두라는 출판인의 인간승리를 느낄 수 있는 감동의 자리였다. 가장 좋은 것은 젊은 연구자들에게 주는 장학금 수여였다. 우리시대의 가장 올곧고 존경받는 스승 한승헌 명예이사장님의 격려사를 들은 것도 좋았다.

'내고 싶은 책 다 내고 벌어들인 돈으로 후학을 키우는 것, 이보다 보람 있는 일이 어디 있겠는가?'

나는 윤 선배님이 가장 행복한 분이라고 생각했다. 윤형두 선배님의 뜻에 찬동하여 장학기금을 기탁한 분들 이름을 보는 것도 즐거웠다. 나는 장학금 수여가 보기만 해도 좋아서 파주 사옥에서 열린 장학금수여식에 몇 해 더 갔다. 말석에 앉아서 장학금 누적 수혜자 명단, 기탁자 명단, 그리고 범우사의 출간도서 목록을 보는 즐거움은 크다. 그러면서 선배님의 회고록《한 출판인의 자화상》에서 읽은 내용을 연결해서 생각하면 감동이 잔잔한 물결처럼 일어난다.

범우사에 들러 선배님과 점심을 먹고 사옥 뒤의 대나무숲(범우죽림원)에서 또는 찻집 〈노을〉에서 살아오신 길에 대한 말씀을 들을 때도 있다. 회고록에 없는 비화도 있다. 참 재미있고 가슴 뭉클하다. 그럴 때마다 건강하셔서 좋은 일을 더 많이 하시라고 말씀드린다.

IT산업의 발달은 우리 삶의 패러다임을 송두리째 바꿀 것이고 출판의 흐름을 전혀 다른 방향으로 이끌어갈 것이다. 나는 범우사의 앞날을 걱정하지 않는다. 그것은 내용보다는 형식의 변화일 것이기 때문이다. 범우사가 50여 년 달려오며 추구한 정신적 가치는 불변할 것이고 변화의 파도를 젊은 경영인 윤재민 대표가 넉넉히 넘어설 것으로 믿는다. 아울러 범우장학금을 수혜한 젊은 출판학 전공 학자들이 범우사와 함께 이 나라 출판의 미래를 선도하는 역할을 할 것으로 기대한다.

사람을 으뜸으로 여기는 출판인

박몽구

(시인·한국출판연구소 이사장)

범우 윤형두 선생님을 알게된 지 어느덧 40여 년을 헤아린다. 선생을 처음 뵌 기억은 1970년대 말 광화문에 자리잡고 있던 양서협동조합으로 기억된다. 당시는 박정희 유신 정권의 횡포가 극에 달한 시기로, 뜻 있는 이들을 중심으로 독서 운동을 통해 정세를 바로 읽고 민주회복 운동을 펼쳐 나가야 한다는 움직임이 크게 일고 있던 시기였다. 당시 중견 출판인으로서 범우사를 이끌어 가고 있던 윤선생은 다망한 중에도 양서협동조합에 참여한 젊은이들을 격려하고 적잖게 출연도 한 것으로 알고 있다. 처음에는 《다리》지를 발행하여 유신독재 반대 운동을 실천한 투사라거나, 범우문고를 속간하여 국민정신 고양에 앞장선 출판인이라는 사실을 전혀 몰랐다. 당시 양서협동조합은 경찰서 정보과 형사들이 주시하는 등 위험 지대(?)였는데도 개의치 않고 드나들며 젊은이들에게 양서를 권하고, 광주에서 올라왔다는 말을 들으시고는 서울에서는 지치지 말아야 한다고 술국을 사주시며 격려하시던 선생의 모습이 눈에 선하다.

당시 나는 1978년 전남대 민주교육지표 사건을 주동하였다가 잠시 서울에 도피해 있던 처지였다. 서울제일교회 야학에서 만난 외우 김충선 형의 주선으로 부길만 선배가 이끌던 양서협동조합에 드나들면서 객지의 외로움을 달래고, 박정희 독재가 끝나 고향으로 돌아갈 날을 꿈꾸고 있었다. 그런 나에게 윤형두 선생은 큰 품을 열어주신 어른이었었다. 선생과의 인연 덕분인지, 나는 수배 중에도 박재서 선생이 운영하던 학원사 공채에 응시하여 출판계에 발을 들여놓게 되었다.

출판사에 일자리를 얻은 데에는 1977년에 《월간 대화》를 통하여 시인으로 등단한 것도 도움이 되었지만, 윤형두 선생을 만나면서 책의 중요성을 알게 된 게 더 큰 자극이 되었다. 선생의 격려 덕분에 출판 일 틈틈이 서울제일교회 야학에 강학으로 나가기도 하고, 《씨올의 소리》에 신작시를 발표하기도 하였다. 또 수배 생활이 쉽게 끝나지 않을 것임을 절감하고 산업선교회 실무자로 진출할 것을 목표로 서남동 목사님이 꾸려가시던 '기독교장로회 선교교육원'에 해방신학을 공부하기도 하였다.

하지만 유신 정권 말기 공안 경찰의 압박이 거세어지면서 서울 창신동 산번지에 은신중 1979년 가을에 광주에서 냄새를 맡고 올라온 형사대에 체포되어, 광주로 끌려 내려가 투옥되었다. 그 무렵은 참으로 풍전등화 같은 시기여서, 부마항쟁의 여파로 10·26 사건이 벌어지고 이어서 긴급조치 9호가 해제되어 석방되었다. 이어서 숨돌릴 틈도 없이 1980년 민주화의 봄을 맞이하고, 전두환 일당이 정권을 탈취하고자 민심에 총칼을 들이댄 데 맞선 5·18 광주민중항쟁에 참여하였다가 다시 투옥되는 등으로 선생을 상당 기간 뵙지 못했다.

그러다 윤형두 선생을 다시 만난 것은 필자가 5·18 참여에 다른 혹독한 대가를 치른 뒤, 일자리를 찾아 서울로 다시 올라온 뒤 1983년 대한출판문화협회 출판부에서 일하면서였다. 필자 1983년 출협에 재직 시절 마침 윤형두 선생께서 출판문화협회 상임이사로 오셨다. 선생이 출협 임원으로 일하시면서 하신 일들은 여러 가지가 있지만, 가장 인상에 남는 것은 선생의 발의로 출협 안에 '출판대학'을 만드신 것이었다. 당시는 우리 나라 최초의 출판과로 알려진 충남 홍성 소재 혜전대학에 출판학과가 만들어지기 이전이었다. 그 때까지만 해도 몇몇 사설학원 말고는 출판에 대해 체계적으로 공부할 수 있는 교육기관이 전무했었다. 선생의 발의로 대한출판문화협회 안에 출판대학이 생기고 선생을 비롯한 여러 전문가들이 일선 출판사의 초급 편집자들을 대상으로 처음으로 체계적인 출판 교육을 펼치던 기억이 새롭다. 당시 출협 출판부에 근무하고 있던 나는 교재를 제작하고, 강사 관리를 맡는 등의 실무를 담당하였다. 선생은 다시 만난 나의 어깨를 두드리며, 출판은 국가의 정신적 뼈대를 이루는 일이니 자부심을 갖고 일하라는 당부를 아끼지 않으셨다. 아울러 출판대학에서 직접 출판 경영론을 강의하시는 한편, 수강자들과도 격의 없이 어울리시던 기억이 새롭다. 선생은 시국 사건으로 대학에서 제적당하는 등 어려움을 겪는 인재들에게 자신이 경영하는 범우사에 일자리를 마련해주는 등 출판계에 역량 있는 이들을 영입하는 데 애썼다. 뒷날 노무현 정부 국무총리를 지낸 이해찬(서울대 사회학과), 박광순(서울대 역사교육과) 씨 등 역량 있는 인재들이 범우사에서 출판입국의 꿈을 펼친 것은 다 선생의 넓은 품 덕분이다.

다음으로 윤형두 선생을 가까이 뵐 수 있었던 것은 중앙대신문방송대학원 출판잡지 과정에 진학하여 선생의 강의를 들은 것을 계기로, 밀레니엄 들어 한국출판학회 사무국장을 맡으면서였다. 선생은 당시 학회 상근자 급료를 자신의 사재를 털어 지급했을 뿐 아니라, 학회의 사무 공간을 무상 대여하는 등 출혈을 마다하지 않으면서 학회 발전에 남 모르게 큰 힘을 보태셨다. 그리고 한국 출판학의 태두 남애 안춘근 선생을 기리고 그 유업을 계승하는 일에도 사재를 출연하는 등 힘을 쏟으셨다. 기억하기로는 '남애 학술상' 기금에도 설립 기금을 쾌척하셨다.

중앙대 대학원에서는 선생으로부터 출판 역사와 출판 경영론 등의 강의를 들었다. 출판 현장을 수십 년 지켜오신 선생으로부터 듣는 강의는 실로 알찼다. 특히 출판 역사 강의를 하시면서 자신이 수집하신 고려시대의 《무구정광대다라니경》, 조선 시대 초기의 금속 활자본 《석보상절》뿐만 아니라 출판역사상 빠뜨릴 수 없는 여러 유물들을 실물로 보여주신 것은 실로 오래 기억에 남는다. 이를 통해 출판 역사가 기술 진보의 과정을 넘어, 인류 문화의 진수를 기록 보관하는 중요한 역할을 지닌 것임을 절감할 수 있었다.

선생은 아울러 우리 사회의 중추 세력을 이루는 젊은이들이 출판 분야에 진취적으로 진출하여, 국민의 정신 혁명을 선도해야 한다는 것을 누누이 강조하셨다. 그리고 수업 시간을 떠나서 이른바 3교시라 불리는, 수업 후 친목 시간에 오셔서 후학들을 따스하게 독려해주셨다. 또한 어려운 사정을 접하신 때에는 자신이 경영하시는 출판사로 불러 격려하시면서 일감을 안기시곤 하던 기억이 새롭다.

이렇듯 윤형두 선생은 현업 출판인으로서뿐만 아니라, 출판의 학문적 탐구, 출판 전문 인력의 양성 등에 걸쳐 다양한 관심을 보여준 분이다. 선생은 일찍이 출판에서 얻은 이익은 출판에 되돌려야 한다는 생각으로 범우 출판 장학생 제도를 마련하여, 출판학을 전공하는 석박사 과정 학생들은 물론 대학생들에게도 매년 장학금을 지급해 왔다. 이것만큼은 범우사가 대형 메이저 출판사는 아니지만, 한국 어느 대형 출판사보다도 큰 걸음을 보인 것이라고 하지 않을 수 없다.

이 같은 출판에 대한 열정의 일환으로 선생이 추진한 것이 '범우출판문화재단'이라는 것은 널리 알려진 사실이다. 선생이 이 재단을 설립하신 것은 2005년 즈음으로 기억되는데, 그동안 꾸준히 해오신 범우출판장학생 선발

및 출판 연구 지원 등의 관심을 집대성하여 출판 전문 재단을 설립하셨다.

실제로 재단을 설립하신 다음에는 러시아·독일·대만·중국 등을 범우출판 장학생 출신들과 함께 탐방하며 그 성과물을 단행본으로 속속 출간하였다. 특히 선생이 관심을 기울인 분야는 통일 시대를 대비한 출판인데, 몇 년 전 범우 출판문화재단 주관으로 연변대학에서 북한 출판 관련 세미나를 개최한 데 이어, 최근에는 북한 출판실태조사를 연변대학 신문과 이봉우 교수 등을 주축으로 한 연구진의 노력으로 출간한 바 있다.

돌아보면 우리나라는 세계 10대 출판국에 해당할 만큼 규모를 자랑하는 출판대국이다. 뿐만 아니라 매출 규모 등에서도 윤형두 선생이 꾸려가시는 범우사를 압도하는 출판사 수는 적지 않다. 하지만 어느 출판사도 범우사만큼 장학금을 출연하여 꾸준히 장학생을 선발하여 출판 인재 양성에 투자하거나 출판 연구에 재원을 쏟아부은 출판사, 출판인은 찾아볼 수 없다.

뿐만 아니라 윤형두 선생은 출판사 개창 이래 시대고를 온몸으로 안고 있으면서도 살아있는 정신을 견지한 이들이 어려움에 처할 때마다 큰 우산을 펴 안아주셨다. 1960년대 세칭 문인간첩단 사건 변호를 통해 재야에 발을 딛은 이래 민주화운동에 매진해오신 한승헌 변호사, 뒷날 민족문제연구소 소장으로 《친일 인명 사전》을 편찬하는 위업을 이룩한 문학평론가 임헌영 선생, 뒷날 출판학회 회장을 지낸 부길만 교수 등이 어려운 시절에 범우사의 그늘에서 웅지를 튼 것은 널리 알려진 사실이다.

늘 청년 정신을 잃지 않고 살아오시고, 출판을 통해 얻은 이익은 국민정신을 고양하고 새로운 인재를 발굴하는 데 돌려오신 윤형두 선생의 길이 더욱 넓고 환하게 펼쳐지기 바란다.

키다리 아저씨와 평행선—돌산突山 선생과 나

이정림

(수필가·《에세이21》 편집발행인)

수락산에는 내 20대 모습이 있다. 우리는 어쩐 일인지 다른 산들은 마다하고 수락산만 단골로 다녔다. 주로 잡지사와 통신사 기자들이었는데, 그 작은 모임에 '오뚜기부대'라는 이름까지 거창하게 붙였다. 나이가 주로 20~30대였으니, 미래가 불투명해도 쓰러지지 말자는 뜻으로 그런 이름을 붙였을까.

정상에는 내원암이 있지만, 그곳이 목표가 아니라서 옆길로 방향을 틀어 조금 올라가면 '여왕좌'가 있다. 우리가 이름을 붙인 여왕좌는 꼭 커다란 의자같이 생겨서 웃음 속에서 그날의 여왕에게 알현을 하는 의식도 거행했다.

그런 다음 상계동 쪽으로 내려오다 보면 거대한 바위가 나온다. 수락산을 왜 악산이라고 하는지 알 수 있을 만큼 가파른 바위를 밑에서 받쳐주는 손바닥 하나에만 의존하여 기어 내려오면서도 무서움을 몰랐다. 그때 우리 다리는 눈에 덮인 비탈길도 뛰어 내려올 만큼 싱싱하고 튼실했었다.

무사히 하산하면 소주에 사이다를 탄 '소사주'를 마셨다. 비 오는 날에는 비를 맞으며 바위 밑에서 커피를 마시고, 눈이 오는 날에는 설정雪情을 못 이긴 토끼들처럼 얼싸안기도 했다. 요즘은 등산객들을 위해 편리한 시설들을 많이 해 놓았지만, 내 기억 속의 수락산은 여전히 산에서 밥을 해 먹던 그 시절에 머물러 있다. 그런데 그 오뚜기부대 속에 내 영원한 '키다리 아저씨'가 있으리라곤 미처 알지 못했다.

덕수궁 돌담길은 연인들이 좋아하는 데이트 코스다. 나도 미니스커트에 긴 머리를 늘어뜨리고 그 길을 많이 걸었다. 그러나 그 길에는 아픈 기억도 깔려 있다.

1970년대의 어느 날, 나는 서대문형무소로 떠나는 호송차를 바라보고 서 있었다. 수의囚衣를 입은 사람이 법원 골목에 숨어 서 있는 나를 바라봐 주기를 간절한 마음으로. 눈길 한 번 마주치지 못하고 덕수궁 돌담길을 걸어 혼자 집으로 돌아갈 때 그 길은 너무도 길고 쓸쓸했다. 무거운 마음으로 하늘을 올려다보니, 덕수궁 담 너머로 허니문 카가 보였다. 그가 수의를 벗고 나오면 그 허니문 카를 타자고 해야겠다는 생각이 들었다. 아마 그때 그 허전한 마음을 그렇게라도 보상받고 싶어서였는지도 모르겠다.

1970년에 창간한 월간《직업여성》이 정치적인 압력으로 3호 제작 과정에서 판권 취소를 당하자, 나는 돛을 펴 보지도 못하고 난파당한 선장과도 같았다. 내 스물여덟 살의 하늘은 무거운 잿빛이었다. 그때 언제까지 부서진 배에서 내려올 생각을 못하는 나를 일으켜 세운 이가 있었다. 키다리 아저씨였다. 그는 내게 원서 번역 일을 맡겼다. 그 후 사전이 헤어지도록 씨름하면서 암울했던 이십 대를 넘겼다.

삼십 고개를 넘어서면서 나는 수필이라는 배에 다시 승선을 했다. 수필은 내가 건재하다는 것을 알리는 깃발이 되어주었다. 많은 사람들의 응원 속에서 배는 순항을 했다. 가끔 회의에 빠질 때도 있었지만, 사람들은 오래 나를 침체의 늪 속에 빠져 있게 놔두지 않았다. 그렇게 수필을 쓴 지 십 년이 넘었어도 내게는 단행본이 한 권 없었다. 시장성이 없는 수필집을 내주려고 하는 출판사가 없었기에 자비출판들을 하는 추세였지만, 나는 그러고 싶지 않았다. 그래서 등단한 지 12년 만에야 비로소 내 책을 갖게 되었다. 키다리 아저씨가 내 자존심을 살려 준 것이다.

뜻하지 않은 질병으로 장기간 입원한 이후로 나는 미루어 놓았던 일들을 하나씩 정리하기 시작했다. 그래서 내 수필 인생 46년을 돌아보며 《이정림, 그의 수필과 인연들》을 펴냈다. 그리고 수필 강의 30여 년의 노트를 《이정림의 수필 특강》이라는 이름으로 최근에 묶어 내었다. 이 일련의 작업들을 할 수 있게 도와준 분도 키다리 아저씨였다.

내 인생에서 커다란 의미를 차지하는 부분은 키다리 아저씨와의 만남일 것이다. 그를 만나지 못했더라면, 오늘의 나는 아마 다른 모습으로 되어 있을 것이다. 곁에 없으면서도 늘 가까이 있어주었고, 가까이 있는 것 같으면서도 손이 닿지 않는 먼 곳에 서 있었던 분.

〈평행선〉이라는 시가 있다.

"가까워지면 가까워질까 두려워하고/ 멀어지면 멀어질까 두려워하고/ (…) 우리는 하나가 되어 본 적이 없지만 둘이 되어 본 적도 없습니다."

《키다리 아저씨》라는 소설 속에는 고아 소녀 주디에게 남몰래 후원을 해 주는 키다리 아저씨가 있다. 그 주디는 마침내 정체를 알게 된 키다리 아저씨에게 청혼을 받는다. 그리고 그가 누구인지도 모르고 사랑하게 된 주디는 그의 청혼을 기꺼이 받아들인다. 주디에게 키다리 아저씨는 우연 같은 필연이었던 것이다.

나와 키다리 아저씨와의 만남은 우연일까, 필연일까. 소설 속의 그와 내 키다리 아저씨와 다른 점은 우리는 영원히 타인이라는 것이다. 《당신은 타인이어라》는 문집은 그래서 나온 내 첫 단행본이었다.

그러나 우리가 늙마까지 이렇듯 함께 할 수 있는 것은 그 평생선 덕분이라는 생각이 든다. 내가 처음 만났던 그 30대의 모습으로 키다리 아저씨가 언제까지나 나를 지켜봐 주기를 바라는 것은 욕심일까. 평행선은 허허로운 마음의 거리가 아니라 아름다운 간격이었다.

월간《다리》필화사건 재판의 기억

남재희

(언론인·전 국회의원·노동부 장관)

내가 조선일보 논설위원으로 있을 때다. 붙임성이 좋기로 유명했던 김상현 의원은 사통팔달로 교우관계가 넓었는데 나와도 매우 친숙했다. 김대중 씨를 처음부터 마치 방자처럼 따라다녔던 그는 월간지《다리》를 위해 그의 인맥도 동원하였다. 유명한 이홍구 교수나 이어령 문학평론가도 끌어넣었으며 나에게도 참여를 권했다.《다리》라는 잡지명은 이어령 씨가 지은 것으로 알려졌는데, 역시 언어감각이 탁월한 그의 뛰어난 이름 짓기라 할 것이다.

나는 김상현 의원의 사교술과 정치 역량에 항상 감탄하고 있었다. 김대중 씨가 "그림 속의 사과도 빼먹을 재주가 있다"고 했다는 말은 널리 알려졌다. 근래 유명한 소설가 조정래 씨가 정치소설을 쓰기 위해 자료를 수집하고 있는데 무엇을 참고하면 좋겠느냐고 하기에 첫째로 한국정치인으로는 김상현 의원을 연구해보라고 하였다. 김대중 대통령이 더 중요한 연구감이지만 그는 숨기는 게 많았기에 차라리 거의 모든 일을 털어놓고 말하는 성품인 김상현 의원을 연구대상으로 추천한 것이다. 덧붙여 말하면 나는 조정래 씨에게 조지 오웰에 소설《동물농장》《1984》가 가장 뛰어난 정치소설이며 정치이론서로는 헤롤드 라스키의《국가론》이 훌륭하다고 추천했다.

나는 김상현 의원의 《다리》 편집 참여요청에 선문사 관계로 적극 참여할 수는 없고 해외만화를 걸고 재미있는 것을 골라주겠다고만 했다.

그러던 중 이른바 《다리》지 사건이 터진 것이다. 문학평론가 임중빈 씨의 글이 문제가 된 것인데 실상은 《다리》지가 김대중 씨를 지지하는 매체라는 점에서의 탄압이었다. 그때의 재판정을 설명하면 이렇다. 단독심의 목요상 판사, 변호사 한승헌 씨, 감정증인 송건호 동아일보 논설위원, 남재희 조선일보 논설위원(검사가 둘이 나왔는데 차석은 나와 서울법대 동기인 이규명 검사였다).

임중빈 씨의 글은 별스럽지 않은 것인데 그 글 안에 있는 '문화혁명'이라는 용어가 문제가 된 것 같다. 검찰은 그 '혁명'을 국가를 전복한다는 뜻이 위험한 것으로 몰아붙였다. 나는 요즈음은 '혁명'이라는 용어를 남발하여 곧 변화를 '혁명'이라고 마구 이름을 붙이는데 예를 들어 옷의 디자인만 크게 바뀌어도 '의상혁명'이라고 하지 않는가라고 말하였다. 미국의 베트남전 개입에 반대하는 1968년의 미국의 학생시위와 (프랑스 학생혁명의 영향이) 전세계로 확산되면서 세계는 일종의 혁명적 분위기에 감싸였다. 그래서 '학생혁명', '문화혁명' 등등 혁명이라는 용어가 남발되기 시작했다. 임중빈 씨의 글에서 '문화혁명' 운운한 것도 그러한 세계적인 분위기에 영향을 받은 것으로 보여진다. 나는 재판에서 증언을 한 후 동아일보가 발행하는 월간지 《신동아》에서 수필을 부탁해왔기에 그 재판에서의 논쟁을 글로 남겨두었다.

재판장 목요상 판사는 다른 유사한 사건에 무죄를 선고하기도 하여 법관 재임명에서 연임에 탈락, 법복을 벗었다. 참으로 소신 있고 올바른 법관이라 할 것이다. 그 후 그는 국회의원이 되어 국회법사위원장을 지냈고 국회의원을 물러난 다음에는 전직 국회의원들의 법정단체인 헌정회의 회장도 역임했다. 한승헌 변호사는 평생을 민권을 위한 변호에 진력한 분인데, 김대중 정부 때는 감사원장을 지냈고 2018년에는 국민훈장의 최고급인 무궁화장을 수여

받기도 했다. 송건호 씨는 그 후 동아일보 편집국장이 되었다가 언론자유운동 기자들을 해임하는 회사의 조처에 항의하여 사표를 제출했다. 오랫동안의 수난의 생활 끝에 그는 잘 알려진 대로 국민신문《한겨레》의 창간 사장이 되어 우리나라 언론계의 첫째 손가락에 꼽히는 거목으로 우뚝서게 되었다.

《다리》의 사실상 발행인은 현 범우사 회장인 윤형두 씨였다. 그런데 재미있는 것은 윤형두 씨와 김상현 씨는 젊을 때부터 아주 막연한 친구였기에 서로가 발행인을 번갈아하기도 하였다. 나는 정치에서 은퇴한 후 김 의원의 간청을 받고 얼마동안《다리》지 복간호의 편집인을 한 일이 있다. 그런데 당시가 김대중 대통령의 집권시기이기에 정치 분위기가 자유스러워 이의를 제기할 쟁점을 발견하기 어려운 탓도 있겠지만, 나의 정치 감각이 둔화되어 새로운 논쟁점을 제기하지 못하기도 하여 그 잡지는 성공하지 못하였다. 김 의원에게 엄청난 손해를 끼쳤다. 김 의원에게 미안한 생각을 지금까지도 갖고 있다.《다리》지 사건 재판에 관계했던 사람들은 윤형두 회장의 스폰서로 거의 매년 인사동의 선천집에서 기념 오찬을 하여왔다. 윤 씨의 출판사 범우사는 화려하거나 요란한 출판사는 아니지만 매우 착실하고 건실한 것이어서 그는 스폰서 할 만한 재력이 충분한 것 같다. 역시 오찬의 주인공은 목요상 판사다.

몇 년 후면《다리》지 사건 50주년이 된다. 송건호 사장이나 임중빈 평론가도 별세한 지 오래고 김상현 의원도 근래에 타계하였다. 김 의원의 생전의 정치적으로 가장 중요한 직책이 민주화추진협의회 공동의장 대리였기에 그의 장례는 민추협장으로 치러졌다. 50주년에는 누가 남아서 기념 오찬을 하게 될지 궁금하기도 하다.

《다리》지와 윤형두 회장

목요상

(전 대한민국헌정회 회장·《다리》지 사건 담당 판사)

《다리》지는 창간 직전인 1970년 5월경 〈오적〉 필화사건으로 폐간당한 《사상계》의 정신을 이어받아 당시 신민당 국회의원인 김상현 씨의 제안과 후원으로 범우사 대표인 윤형두 회장이 실무총책을 도맡아 본인은 편집인 겸 주간을 맡고 고교동창인 윤재식을 발행인으로, 김상현 의원은 고문으로 내세워 창간준비를 추진한 끝에 1970년 8월 29일자로 당국에 등록을 마치고 같은 해 9월 1일자로 창간호를 발간하면서 비로소 출범한 월간종합지이다.

《다리》지는 출발부터 수난을 겪었다.

당초 같은 해, 6월에 창간호를 발간할 예정이었으나 등록허가를 늦게 해주는 바람에 어쩔 수 없이 3개월 뒤로 미루어 창간호를 발간하게 된 것이다.

《다리》지는 창간호부터 지신인들 사이에 폭발적 인기를 누렸다(김정숙, 《다리지 연구》 62쪽 참조).

그런데 같은 해 11월호에 게재된 임중빈 씨의 "사회참여를 통한 학생운동"이란 제목의 논문이 반공법 제4조 제1항에 저촉된다는 이유로 중앙정보부에서 1971년 2월 12일, 필자인 임중빈 씨와 편집인 겸 주간인 윤형두 회장, 발행인 윤재식 씨 등을 전격적으로 연행하여 구속한 뒤 서울지방검찰청에 송

치한 필화사건이 이른바 《다리》지 사건이다.

당시 제7대 대통령 선거가 두 달 뒤인 같은 해 4월 17일로 예정되어 있었다. 그때 야당인 신민당 대통령 후보로 김대중 씨가 여당 후보인 박정희 대통령과 맞서 있었다. 그런데 그 무렵 임중빈 씨는 김대중 후보의 전기를 집필 중이었고 범우사에서는 김 후보의 선거용 홍보물을 제작 중이었다. 또한 《다리》지의 후원자이며 고문인 김상현 의원은 김 후보를 적극 지원하는 대표적 정치인이고 윤재식 발행인은 김 후보의 공보비서를 맡고 있었다. 때문에 당시 야당가에서는 김 후보의 선거운동을 방해하기 위한 조작된 정치적 탄압사건이라고 단정 짓고 있었다.

당시 이 사건 수사를 담당한 검사는 서울지방검찰청 공안부 김종건 검사와 이규명 검사였다.

담당 검사들은 윤 회장 등 세 사람을 반공법 제4조 제1항에 위반된다는 전제로 모두 구속 기소함으로써 그 사건이 당시 서울형사지방법원 6단독판사인 내 앞으로 배당되어 왔다.

당시 서울형사지방법원에는 18개 단독판사가 포진되어 있었다.

나는 그동안 시인 김지하 씨가 쓴 〈오적〉이라는 담시를 문제 삼아 중앙정보부에서 김지하 씨와 이 시를 《사상계》 1970년 5월호에 게재한 그 잡지사의 부완혁 사장(당시 대한민국 육상경기연맹 회장직을 맡고 있었다)과 편집책임자 김승균 씨(후에 일월서적 대표를 역임하였다) 그리고 이 시를 당시 신민당 기관지 《민주전선》에 전재한 편집책임자 김용성 씨(후에 국회의원을 역임하셨다) 등 4명을 역시 반공법 제4조 제1항 위반혐의로 구속하여 기소한 이른바 《오적》 사건을 담당하여 사계의 권위자들에게 감정을 의뢰하는 한편으로 증인으로 당시 조선일보 논설고문인 선우휘 씨와 고려대학 이항녕 교수님, 소설가 김승옥 씨 그리고 우리나라 초대 국무총리와 국방부 장관을 지내신 철기 이범석 장군을 모셔서 고견을 들은 뒤 죄가 안 된다는 심증을 굳히고 같은 해 9월 8일, 피고인 네 사람 모두 보석을 허가하는 결정을 내려 석방시켜 준 뒤 당분간 공안 당국의 시달림에서 벗어나려는 속셈으로 다음 공판기일을 지정하지 아니한 채 그 사건을 무기한으로 계류시켜 놓았다.

그런데 미처 숨 돌릴 사이도 없이 같은 필화사건인 《다리》지 사건이 내 앞으로 또 배당되어 온 것이다. 나는 그 후로 지금까지 줄곧 왜 당시 세상을 떠들썩하게 한 필화사건 두 건을 모두 내가 재판을 담담하게 되었는지 도무지 그 연유를 알지 못한다.

원래 《다리》지 사건은 당시 형사 2단독 윤영철 판사(후에 헌법재판소장을 지냈다) 앞으로 배당되었다가 윤 판사가 그해 연초 정기 법관인사에서 대전지방법원으로 전보되는 바람에 내 앞으로 재배당되어 온 것이다. 나는 다시 공안당국의 부대낌에 시달리게 된 것이다.

나는 처음으로 《다리》지와 그 잡지의 편집인이며 주간인 윤형두 회장을 법정에서 만나게 되었다.

나는 〈오적〉사건 재판 때와 같은 방법으로 사계의 권위자들에게 서면감정을 의뢰하는 한편으로 변호인의 요청에 따라 당시 《다리》지 편집장인 박창근 씨와 기자인 최의선, 윤길한 씨 등의 증언을 시작으로 당시 조선일보 편집국장인 남재희 씨(후에 노동부 장관과 국회의원을 역임하셨다)와 당시 동아일보 논설위원인 송건호 씨(후에 한겨레신문사의 사장을 역임하셨다) 그리고 시인 구상 씨 등의 증언을 청취하였다.

나는 검찰의 거듭되는 재판 연기 신청으로 자꾸 재판이 지연되는데 불만하고 4회 공판기일에 법정에서 "이래저래 재판을 지연시켜 미안하다"고 사고한 뒤 즉석에서 피고인 윤형두 회장과 윤재식 발행인에 대해 직권으로 보석 결정을 내려 석방의 길을 열어주었다. 통상의 경우 일반 형사사건이라도 특단의 사정이 없는 한 판사가 법정에서 직권으로 피고인들에 대한 보석 결정을 내리는 경우는 극히 드물다. 하물며 국가보안법 위반이나 반공법 위반 등 공안사범에 대해서는 변호인 등의 보석 신청이 있어도 판사들이 좀처럼 허가해주지 않는 것이 상례이다. 그래서인지 변호인들조차 내가 〈오적〉 사건에서 피고인들을 모두 보석 허가해주고 알게 모르게 큰 곤욕을 겪고 있음을 눈치 채고 보석 신청을 해봐야 허가해주지 않으리라고 지레 짐작하고 아예 보석 신청조차 하지 않았는데도 직권으로 보석을 허가해주자 방청인들까지도 의외라고 놀라면서 만세를 부르며 환호하는 진풍경이 벌어졌다. 검찰 측은 몹시 경악하고 당황하는 기색이 역력했다는 후일담이다. 검찰은 그날 법정에서 내가 피고인들에게 "재판을 지연시켜 미안하다"고 사과한 사실을 트집 잡아 애를 먹였다.

나는 검사의 구형과 변호인들의 변론을 거친 뒤 피고인들의 최후진술을 마지막으로 변론을 종결하고, 판결 선고기일을 같은 해 6월 29일로 지정하였다가 검찰의 변론 재개 요청으로 변론을 재개하면서 그때까지 구금 상태에 있던 임중빈 피고인마저 직권으로 보석 결정을 내려 풀어주었다.

그러나 그 다음 날 아침 일찍 김종건 검사가 내 입회서기를 소환하여 조사 중이라는 보조서기의 보고를 듣고 즉시 전화로 김 검사에게 '무슨 이유로 입회서기를 불러 조사하느냐'고 물었더니 '죄가 안 되는 방향으로 공판조서를 작성해놓아서 허위 공문서 작성 죄로 입건하여 조사 중'이라기에 순간적으로 화가 치밀어 다짜고짜 험한 소리로 "검사가 그리 무식하냐, 형사소송법 제54조에 의하면 검사는 공판조서에 이의가 있으면 변경을 요구하거나 이의를 제기할 수 있고 그 변경 요구나 이의가 있으면 공판조서에 그 내용을 기재하도록 되어 있는데 이런 절차를 밟지 아니한 채 입회서기를 불러 형사입건 운운하면서 겁을 줄 수 있느냐, 월권 아니냐"고 따지면서 옥신각신하다가 김 검사가 서로 자기 직분에 충실하다보니 다소 과열된 것 같다고 양해를 구하면서 화해하자기에 "즉시 입회서기를 돌려보내라"고 요구했더니 "그렇게 하겠다"기에 웃으면서 없었던 일로 치부하고 말았다.

검찰은 내가 무죄 방향으로 심증을 굳히고 있음을 간파하고 어떻게 하던지 내 손에서 그 사건 재판을 떼어내려고 과거 임중빈 피고인이 통일혁명당 사건에 연루되어 처벌받은 집행유예 기간 중인 전과가 있음을 근거로 법정형을 사형까지 가중 처벌할 수 있는 사안이라서 단독판사에게는 재판권이 없으니 합의부 재판부로 사건을 이송해달라고 집요하게 물고 늘어졌다. 그러나 내가 종국판결에서 그 사유를 밝히겠다고 고집하면서 끝까지 판결 선고를 강행하려 하자 판결 선고 전날 저녁에 당시 녹번동 우리 집으로 공안부 박종연 검사가 직접 찾아와 판결문 작성을 방해하려 하였으나 나는 대문을 열어달라는 그의 목소리를 듣자 뒷문으로 빠져나와 이웃에 있는 친구 정연조 변호사 집으로 피신하였다가 통행금지 시간이 지나서 그가 돌아간 뒤 밤 1시경 늦게 귀가하였다. 그 다음 날 검사가 다시 찾아올지 모른다는 불안감에서 아침 일찍 집을 빠져나와 법원 근처 사우나 목욕탕에서 휴식을 취하다가 출근시간에 맞추어 출근하였더니 이내 담당검사가 내 방으로 찾아와서 "오늘 판결을 선고할 것이냐"고 묻기에 "내가 어젯밤에 사건기록을 집에 놔두고 밤늦게 귀가한 사실을 당신들이 잘 알고 있지 않느냐. 법정에 들어가서 내 입장을 밝히겠다"고 둘러댄 뒤 검사가 돌아가자 개정시간에 맞춰 법정에 들어가서 잠시 검사가 입회하기를 기다렸다가 검사가 나타나지 않으므로 미리 작성하여 양복 위호주머니 속에 넣어두었던 판결문을 꺼내 판결을 선고하겠다고 고지한 뒤 검사의 합의부 이송요구가 부당하다는 이유부터 설명하고 있는데 두 담당검사가 느닷없이 뒤늦게 나타나서 증인을 신청하겠으니 변론을 재개해달라, 아니면 합의부로 사건을 이송해달라고 요청하기에 모두 시기에 늦은 요청이라서 부적법하여 각하한다고 고지하고 계속 판결문을 읽어 내려갔더니 검사들은 어이없는 표정으로 퇴정해버렸다. 나는 최종적으로 임중빈 피고인이 쓴 문제의 논문은 북한공산정권이 선전선동이나 국외 공산계열의 주장이나 활동을 찬양 고무하거나 동조한 것이 아니고 재래의 데모 만능풍조로 도전만을 일삼을 게 아니라 4·19정신과 같은 민족주의와 민주주의 전통을 확립할 수 있는 독자적인 청년문화운동으로 역사적인 난관을 타개해보자는 '청년문화론'을 시도해본 것으로서 헌법상 보장된 언론의 자유 테두리 안에서 전근대적인 낡은 요소를 완전 청산하고 민주복지사회의 이념을 확립하는 방향으로 학생운동의 진로를 개척해 나가자고 주장한데 지나지 않으므로 반공법 제4조 제1항에 저촉되지 않는다고 판시하고 윤형두 회장을 비롯한 세 사람 모두에 대해 무죄를 선고하였다. 그러자 법정에서 판결 선고를 지켜보던 함석헌 옹을 비롯하여 김상현 의원 등 많은 방청인들이 '목요상 판사 만세'를 연창하는 어처구니없는 일까지 벌어졌다.

나는 그 뒤 공안당국으로부터 엄청난 시달림을 받았다. 담당 이규명 검사가 직접 정보형사 두 명을 대동하여 우리 집 앞 야산에서 일주일간 잠복하면서 사건 관계인들이 드나드는지 않는지를 감시하는가 하면, 우리 아내가 몸이 아파 을지병원에 일주일간 입원해서 치료받은 비용을 다른 사람이 대납해준 사실이 있는지 은밀히 조사하고 심지어 당시 양주군 농협조합장으로 재직 중인 큰 형님의 경리부정 여부를 캐보는 등 괴로움을 주다가 아무런 약점이 드러나지 않자 유신 헌법 공포 후 부칙규정에 따른 법관 재신임의 과정에서 상부의 지시로 어쩔 수 없이 사표를 제출하도록 강요하여 판사직에서 물러나도록 만들었다. 내가 재판한 《다리》지 무죄판결은 그 에 앞서 양헌 부장판사님 재판부에서 내린 서울대생들의 신민당 난입사건에 대한 무죄판결과 어울려 제1차 사법파동의 단초가 되었다. 검찰은 시국사건에 대해 판사들의 잇따른 무죄판결을 불만하고 판사들의 비리를 캐내어 겁을 주겠다는 비겁한 속셈으로 강직하기로 정평이 난 이범열 부장판사님 재판부가 증인 조사차 제주도에 출장 간 자리에서 변호인으로부터 9만여 원의 향응 접대를 받은 사실을 문제 삼아 두 번에 걸쳐 구속영장을 청구하는 등 부당한 행태를 보이자 판사들이 그동안 쌓였던 공안당국이나 검찰의 재판 간섭에 대한 분노가 폭발하여 재경법관들을 비롯한 전국 법관들이 '사법권의 독립'을 외치면서 사표를 던지고 들고 일어난 사태가 제1차 사법파동의 도화선이 된 것이다. 나는 사법파동으로 전국이 소란해지자 서울고등법원 민사부로 전보되었다가 타의로 사표 제출을 강요받아 결국 법복을 벗게 된 것이다. 그것도 모자라 변호사법 제15조를 신설하여 재직 통산경력이 15년이 안 된 사람은 퇴직 전 2년 안에 근무한 법원 관할구역 안에서는 3년간 변호사 개업을 하지 못하도록 규제하는 바람에(이 규정은 후에 헌법재판소에서 헌법에 위반된다는 이유로 무효라는 판정이 났다) 당시 재직 통산경력이 겨우 10년밖에 안 된 나로서는 어쩔 수 없이 판사 초임지이고 처가 고향인 대구로 내려가 변호사 사무실을 개설할 수밖에 없었다.

내가 대구에서 변호사로 활동하기 시작한 지 얼마 안 되어 서울 형사법원 항소부(류상호 부장판사 재판부)에서 무변론으로 내 무죄판결에 대한 검사의 항소를 기각하였다는 소식을 듣고 이내 상경하여 류 부장님에게 방으로 찾아가서 감사하다는 인사를 드렸더니 무죄가 뻔한 사안이라 변론을 열면 시끄럽기만 할 것 같아서 아예 무변론 기각했다는 설명을 듣고서 안심하고 대구로 내려갔다. 검사는 다시 이에 불복하여 상고하였으나 대법원에서마저 검사의 상고를 기각함으로써 내가 선고한 무죄판결이 그대로 확정되었다. 그렇다면 나는 결과적으로 억울하게 판사직으로 쫓겨난 셈이 되었고 그 뒤 《다리》지도 이 사건으로 억울하게 폐간을 당하게 된 것이다.

나는 대구에서 억울하게 법복을 벗게 되었다는 주변사람들의 동정을 사서 타지 출신 변호사로서는 드물게 잘 나가는 축에 속했다. 나는 변호사로서 수임한 사건들의 변론에 충실하면서 나를 도와준 대구 시민들에게 다소라도 보답하겠다는 충정에서 지역사회 봉사활동에도 적극 참여하여 성의를 표시한 것이 주변으로부터 좋은 평가를 얻게 되었다. 나는 변호사 생활 8년여 만에 지역사회와 국가민족을 위해 조금이라도 헌신해보려는 의도로 대구 동·북 지역구에서 제11대와 제12대 총선거에 야당 국회의원 후보로 출마하였다가 당선되어 정계에 입문하게 되었다. 따지고 보면 《다리》지 사건은 나에게 삶의 전환점이요 변곡점이 된 셈이다. 나는 평생 《다리》지와 윤 회장을 잊을 수가 없다. 만약에 내가 《다리》지 사건이나 〈오적〉 시 사건 재판을 떠맡지 않았다면 그리고 내가 공안당국의 의도대로 순순히 그 사건들에 대해 모두 유죄판결을 내렸다면 판사직에서 타의로 법복을 벗고 대구까지 내려가서 변호사 개업을 할 필요 없이 서울에서 순탄하게 판사생활을 계속하다가 맞바로 서울에서 변호사 사무실을 개업할 수도 있었을 것이다.

나는 한동안 대구에서 움츠리고 있다가 국회의원에 당선되어 비로소 서울에 올라와 윤형두 회장을 오랜만에 만나게 되었다.

그 뒤로 윤 회장은 당신이 중앙정보부에 끌려가 구속된 2월 12일이 되면 해마다 당시 《다리》지 사건에서 명 변론을 해주신 한승헌 변호사를 비롯하여 증인으로 나섰던 남재희 전 장관님, 송건호 사장님 그리고 김상현 의원 등과 나를 서울모처 식당으로 초대하여 맛있는 점심식사를 대접해주셨다. 만나 뵐수록 의리 있고 정감이 가는 분으로 느껴진다.

안타깝게도 억울하게 옥살이를 한 임중빈 씨와 윤재식 씨, 증인으로 나서주셨던 송건호 사장님 그리고 고문직을 맡고 있었던 김상현 의원까지 모두 먼저 저 세상으로 가버리셨다. 그분들의 명복을 마음속 깊이 빌어본다.

윤형두 회장님은 오랫동안 범우사를 경영해오신 노하우를 바탕으로 한동안 출판업계 수장직을 맡아 우리나라 출판업계 발전에 크게 헌신하셨을 뿐만 아니라 후진 양성에도 많은 관심을 가지시고 해마다 젊은 청소년들에게 장학금을 지급해주는 등으로 지원해주고 계신다. 윤 회장님이 앞으로 더욱 강건하시고 건승하시어 보람찬 일을 더 많이 해주시기를 기대해본다.

범우출판장학회 29년을 돌아보며

부 길 만

(제1대 범우포럼 회장·동원대학교 명예교수)

범우출판장학회와 나

범우출판장학회! 그 역사가 벌써 29년이다. 장학회가 시작되던 첫 해인 1990년 나도 장학금을 받았으니 감회가 새롭다. 범우출판장학회의 시작은 내가 출판학을 연구하기로 결심했던 시기와 일치한다. 범우출판장학회와 나와의 인연은 전적으로 윤형두 회장과의 만남으로 시작된다. 대학시절인 70년대 초반부터 언론 보도를 통해서 윤 회장을 알게 되었지만, 본격적인 만남은 1980년 독서운동을 시작하던 무렵이니 어느덧 39년의 세월이 흐른 셈이다.

대학 졸업 후 군복무를 마치고 사회에 나온 1977년 12월 말, 신문사 기자 선발도 다 끝나고 경제형편 상 대학원 진학도 막혀 버린 상황에서 나는 두 달 후 당시 잘나가는 무역회사에 입사하였다. 무역 업무나 회사생활은 재미있었지만 그것을 평생의 직업으로 삼을 수는 없겠다는 생각에서 2년 후인 1980년 2월 무작정 회사를 그만두었다. 그리고, 나만의 길을 가겠다고 시작한 것이 젊은이들 중심으로 좋은 책 읽기 운동을 전개하던 '서울양서협동조합'의 실무책임자를 맡은 일이었다. 지금 생각하면, 열정에 가득 찼던 젊음의 표현이기도 했지만, 풍차를 향해 돌진하던 돈키호테의 무모함인 듯하다. 책

문화나 서적시장에 대하여 아무 것도 모른 채로 덤벼들었기 때문이다. 그러나 무지했기 때문에, 뜻있는 출판 전문가들의 조언을 받아 그대로 실천했고 여러 도움을 받을 수 있었다. 이때 많은 도움을 주신 분 중에 윤 회장은 오늘까지도 소중한 인연을 이어가고 있다. 그러고 보니 29년이 아니라 39년의 인연이다.

1984년 9월 영국 버밍햄에 있는 셀리오크 대학에 1년간 연수를 갈 수 있는 기회가 생겼다. 영국 가기 직전 범우사를 찾아가 윤회장에게 인사하니 연수 마치고 출판학을 공부하고 오라고 권한다. 윤회장은 오십을 바라보는 나이에 공부를 시작하여 출판 전공 석사과정을 마쳤다는 이야기를 하며, 내게도 출판학 공부를 권유한 것이다. 이것이 내가 출판학을 공부할 수 있게 된 계기가 아니었나 생각해본다. 영국에는 당시 출판학 관련 대학원 과정이 없었다. 귀국 후 출판사에 근무하며 늦은 나이에 대학원에 진학하여 공부를 시작했다. 당시 대학원에서 안춘근 교수, 한승헌 변호사, 이강수 교수 등의 강의를 들을 수 있었던 것은 큰 행운이었다.

인상깊었던 것은 공부를 권했던 윤 회장을 대학원에서 만난 일이다. 독서운동시절 멘토요 후원자였던 분을 스승으로 모시고 강의를 들을 수 있었으며, 석사학위논문을 작성할 때에도 중요한 아이디어를 얻을 수 있었다. 출판유통에 관하여 최초로 발표한 윤회장의 석사학위논문은 이후 후배들의 연구에 중요한 디딤돌이 되었는데, 출판유통 역사를 논문 주제로 했던 나도 많은 도움을 받았다. 게다가 장학금까지 받았으니 새삼 고마울 뿐이다.

범우출판장학회의 출범과 발전

장학제도는 1990년 이후에도 계속 이어져 2018년 현재까지 273명의 출판학 관련 전공자들이 받았다. 그 역사를 간략히 살피면 다음과 같다.

범우출판장학회는 1990년 중앙대학교 출판잡지 전공 석사과정에 있는 대학원생 3인에게 범우사에서 개인 장학금을 전달한 것이 그 시초이다. 그 3인은 나 외에 김성동(전 국회의원), 추은선(당시 출판사 편집자)이다. 그리고 다음 해인 1991년에 정식으로 범우출판문화재단이 설립되어, 장학금 대상자가 전문학사, 학사, 석사 과정을 막론하고 출판학 전공이 있는 모든 대학으로 확대되었다. 제1회인 1991년 경희, 동국, 중앙 대학교 대학원 석사과정 학생 4명, 광주대 학사과정 학생 1명, 대구·대전·부산·신구·혜전대학 전문학사 과정 5인 등 모두 10명이 장학금을 받았다. 1998년부터는 박사과정 학생들에게도 장학금을 전달하기 시작했다. 제8회인 1998년 김기태 박사과정생(현 세명대 교수)를 시작으로 이후, 해마다 박사과정 학생들에게 장학금을 수여했다. 당시 대학원 박사과정에는 출판학이라는 독립된 전공이 없었기 때문에, 학부나 석사과정에서 출판을 전공했던 연구자들이 대거 박사과정에 진학하여 출판학을 발전시켜 나가기 시작했다. 이런 흐름에 범우출판장학회가 중요한 촉진제 역할을 담당했음은 물론이다.

나도 1997년 이후 동원대에 재직하며 한양대 박사과정에서 공부하고 있을 때여서 2000년에도 장학금을 받을 수 있었다. 박사과정생으로 장학금을 받은 명단을 일부만 살펴보면 다음과 같다.

1999년 명지대 국문과 김재윤(전 탐라대 교수 및 국회의원), 2000년 단국대 국문과 남석순(김포대 명예교수), 2001년 경희대 법학과 박원경(한국저작권연구소 소장), 단국대 국문과 김두식(전 혜전대 교수·현 미국 한의사), 중앙대 신문학과 김경일(전 김포대 교수), 2002년 부경대 인쇄공학 전공 이문학(인천대 교수), 연세대 멀티미디어 저널리즘 전공 황민선(김포대 교수), 한양대 국문과 박몽구(계간 시와문화 대표), 2003년 성균관대 신문방송학과 최옥선(전 주부생활 발행인), 2004년 성균관대 신문방송학과 고경대(제주문화예술재단 이사장),

2005년 경희대 신문방송학과 한주리(서일대 교수), 2006년 동국대 문화콘텐츠학과 손애경(글로벌사이버대 교수), 2007년 건국대 신문방송학과 윤광원(주식회사 미래엔 부사장), 2009년 중앙대 신문학과 백원근(책과사회연구소 대표), 한국외대 글로벌문화콘텐츠학과 이건웅(도서출판 차이나하우스 대표), 2011년 건국대 신문방송학과 권호순(도서출판 시간의물레 대표), 2013년 건국대 신문방송학과 김영란(도서출판 북산책 대표), 2014년 한양대 신문방송학과 박호상(한국출판문화산업진흥원 책임연구원), 2015년 경기대 문헌정보학과 홍정표(글로벌콘텐츠 출판그룹 대표) 등 이루 많다.

그런데 이런 장학금 대상자들의 선정에 변화가 생겼다. 2005년까지는 학부, 대학원을 가리지 않고 모든 출판 전공자를 대상으로 하던 제도가 2007년부터는 석사과정 이상으로 제한되었다. 이것은 학업과 연구 지원을 병행하던 것에서 연구 중심의 지원으로 나가기 위한 것이다. 연구 중심의 지원은 더욱 강화되어 2017년 이후에는 박사과정생에게만 국한되고 그것도 연구계획서 심사와 함께 논문 발표를 의무적으로 하는 것으로 제도가 정비되어갔다. 장학금 지원도 대상자 선정 후 이백만 원, 중간발표 후 백만 원, 논문 제출 후 백만 원을 지급하는 것으로 방식이 바뀌었다. 박사과정생만을 대상으로 한 경우 첫 해에는 지원자가 많지 않아 예산계획이 잡혀진 대상자 5명도 채우지 못하여 이화여대 인현정, 서울시립대 김태윤, 동국대 구상본, 성균관대 최혜성 박사과정생 4인에 국한될 수밖에 없었다.

그러나 다음 해인 2018년에는 박사과정생 신청자가 전국의 유수대학에서 25명이나 몰려들었다. 출신 대학원을 보면 한국은 물론, 중국 연변, 미국 뉴욕, 영국 런던 대학에서 석사과정을 마친 연구자들도 있었다. 장학금 신청서, 연구계획서, 자기 소개서 등의 서류에 대한 1차 심사에서 14인의 대상자가 선별되어, 심사위원들에게 제출되었다. 2차 서류심사인 최종심에는 나도

심사위원으로 참여했는데, 모두 쟁쟁한 연구자들이었다.

이때 다음과 같은 기준에 의해 심사가 진행되었다. 첫째, 연구계획서에 나타난 주제의 적합성이다. 출판·잡지·독서·문학·역사 등을 주제로 하되, 그 연구가 출판문화 발전에 기여할 가능성이 있는가 하는 점을 본다. 둘째, 연구계획서의 수준을 본다. 연구문제가 학문적 또는 사회·문화적으로 연구할 가치가 있는지, 연구방법이 적절한지, 연구내용이 탄탄하게 짜여져 있는지 등을 평가한다. 셋째, 학업 성적을 본다. 학업 성적은 거의 모두 우수하기 때문에 선정에 영향을 미치지 못한다. 이러한 기준을 심사하는데 연구계획서가 모두 우수하여 우열을 가리기 힘들었다. 진통 끝에 5인을 선정하였다. 주제를 보면, 조선시대 여훈서의 출판 역사(고려대 성민경), 개화기 선교사 전도책자 연구(한국학중앙연구원 이고은), 한국 작가의 소설 작품에 대한 미국과 영국의 영역본 비교(한국외국어대 심선향), 디지털문화콘텐츠 연구(한국외국어대 이한나), 조선 속담 연구(중국 연변대 려문호) 등 다양했다. 이 중에 여훈서 출판과 디지털문화콘텐츠에 대한 연구는 금년에 박사학위논문으로 발표되었다.

이 5인에 대한 장학금 수여식이 범우사 창립 52주년 행사에 맞추어 2018년 9월 21일 파주시 범우사 정원에서 거행되었다. 마침 심사경과를 발표하게 된 나는 이 자리에서 범우출판장학회에 대하여 다음과 같은 소회를 피력했다.

첫째, 출판학에 대한 한결같은 사랑으로 30년 가까이 이어져온 장학회가 이제는 널리 알려지며 본격적인 정착 단계에 들어섰다.

둘째, 출판학 연구의 외연이 넓어지고 학문적 깊이가 더욱 깊어지는 데에 장학회가 크게 기여하고 있다.

셋째, 범우장학회가 출판학 연구의 세계화 역량을 키우는 데 크게 기여하였다. 그동안 중국 북경, 러시아 모스크바, 일본 도쿄 등에서 공부한 출판학

연구자들에게 장학금을 준 바 있다. 이번에는 해외 유수 대학에서 공부하고 온 인재들도 우수한 연구계획서를 들고 지원할 정도가 되었다. 그러나 5명 선정이라는 방침 때문에 우수한 연구계획서를 제출한 일부 후보들도 탈락될 수밖에 없었다. 내년에는 장학금 대상자 수를 확대해 줄 것을 건의한다.

범우출판포럼의 활동

범우출판장학회 회원들이 해마다 배출되고 늘어나면서 같은 전공의 연구자들 간에 자연스레 만나는 기회가 많아졌다. 이 연구자들이 스스로 모임을 만들어 친교와 학술 교류를 강화하자는 움직임이 생겨났다. 이렇게 하여 2000년 범우출판포럼이 정식으로 발족되었다. 범우출판장학금을 받은 이들은 자동적으로 회원이 되는 방식으로 운영하고자 하였다. 얼마 후에는 범우출판포럼이나 범우출판문화재단의 연구 프로젝트나 국제 행사 등의 참여자도 회원으로 받기로 하였다.

이 모임의 결성에 적극적으로 참여한 이들을 생각나는 대로 적어보면 다음과 같다. 윤세민 교수, 이종찬(신구대 교수), 김기태 교수, 김인철(전 KDI 정책홍보실장·서강대 언론대학원 겸임 교수), 이문학 교수, 권호순 대표, 배현미(전 한양대 강사), 김재윤 전 의원 등이다. 이 모임의 초기 회장을 내가 맡았고, 김인철 교수가 부회장, 권호순 대표가 총무를 맡아 수고했다. 2013년 2월 윤세민 교수가 회장을 맡아 봉사했는데, 2년 후 한국출판학회 회장을 맡게 되어, 2015년부터 이문학 교수가 범우포럼 회장을 맡았다. 다시 2년 후 이문학 교수가 한국출판학회 회장으로 선출되어, 2017년 백제예술대 김정숙 교수가 회장, 글봄크리에이티브 박세영 이사가 총무를 맡아 현재에 이르고 있다.

범우출판포럼에서는 북한산 등산 등을 하며 친교를 다지는 한편, 2000년 발족하던 해부터 2019년 1월까지 학술세미나를 총19회 개최했는데, 일시,

장소, 주제는 다음과 같다.

— 제1회 2000년 11월 4일, 한글회관 강당, 21세기 출판환경의 변화와 과제

— 제2회 2001년 11월 24일, 한글회관 강당, 한국출판의 미래와 과제

— 제3회 2003년 6월 29일, 출판문화회관 강당, 출판산업의 변화와 전망

— 제4회 2007년 2월 26일, 용산역 4층 별실 회의실, 현대출판산업의 발전과제

— 제5회 2007년 9월 28일, 출판문화회관 강당, 다매체시대의 출판경쟁력

— 제6회 2008년 4월 11일, 출판문화회관 강당, 한국출판문화사, 어떻게 연구할 것인가(1) 연구방법론

— 제7회 2009년 4월 9일, 출판문화회관 강당, 한국출판문화사, 어떻게 연구할 것인가(Ⅱ) 시대구분론

— 제8회 2009년 7월 18일, 너구리문화마을, 독일 출판산업과 출판문화

— 제9회 2009년 9월 25일, 범우(주) 회의실, 스페인 출판현황과 문학의 이해

— 제10회 2010년 4월 29일, 대한인쇄문화협회 교육관, 동서양의 미의식과 한중출판비교

— 제11회 2011년 10월 20일, 출판문화회관 강당, 일제강점기 해외 한민족 출판에 관한 연구

— 제12회 20012년 12월 21일, 출판문화회관 강당, 다문화시대의 미디어교육과 전자책 이용문화 연구

— 제13회 2013년 9월 27일, 출판문화회관 강당, 디지털시대 교과서출판 정책과 한·중 출판 콘텐츠 교류방안

— 제14회 2014년 4월 11일, 순천대학교 70주년 기념관 중회의실, 출판사와 도서관의 상생발전

— 제15회 2016년 4월 22일, 순천대학교 70주년 기념관 중회의실, 범우 윤형두

탐색 중간 발표회

— 제16회 2017년 5월 19일 서대문 중림문화센터, 일본 출판을 말하다

— 제17회 2017년 10월 20일, 서대문 중림문화센터, 4차 산업혁명과 저작권

— 제18회 2018년 6월 1일, 서대문 중림문화센터, 제27기 범우장학생 박사학위논문 중간발표

— 제19회 2019년 1월 17일, 파주 범우사 3층 회의실, 제28기 범우장학생 박사학위논문 중간발표

이 세미나를 보면 출판 관련 다양한 주제가 전개된다. 초기 출판환경의 변화, 출판산업의 과제, 출판경쟁력 강화 등 실질적인 주제가 다루어졌고, 출판에 관한 역사적 연구, 다문화와 디지털시대 연구 등으로 다양해졌다. 한편, 독일, 스페인, 중국, 일본 등 해외 출판에 관한 연구도 이루어졌는데, 이는 범우출판문화재단에서 지속적으로 전개하는 국제 출판 교류의 사업과도 연계성을 지니고 있다. 이처럼 광범위한 주제의 세미나가 범우출판포럼 회원들로 이루어지고 있는 것을 볼 때, 범우출판장학회의 저력을 새삼 느껴본다.

범우출판포럼에서는 친교와 학술 교류 외에 후배들을 위한 장학금 기부 활동에도 적극 나서고 있다. 해마다 9월 중순에 행하는 장학금 수여식에 맞추어, 범우포럼에서는 회원들이 십시일반 모금하여 초창기부터 매해 기부금 수백만 원 정도씩 내고 있는데, 이 전통은 지금까지 이어지고 있다. 범우장학회는 처음 윤회장이 기금 일억 원을 쾌척하여 시작된 것인데, 이후에도 장학회에 계속 기부를 하였고 시간이 지남에 따라 다른 독지가들도 기부 행위에 동참하였다. 장학금 기부자들의 면면을 보면, 교육자나 출판 관련 인사뿐만 아니라 사업가, 은행원, 변호사, 작가, 국회의원, 관료, 스님 등 다양하다.

범우출판문화재단과 국제출판 교류

1991년 발족한 범우출판장학회가 점점 커지고 발전하면서 이 단체를 공식 법인으로 만들어야 한다는 생각들이 모아졌다. 이래서 나온 것이 2003년 재단법인으로의 발전이다. 그 명칭은 범우출판문화재단이다. 당시 나는 재단의 책임을 맡은 윤회장에게 범우출판문화재단에서 출판의 폭넓은 국제 교류에 힘써 주면 좋겠다는 의견을 피력한 바 있다. 그동안 출판이나 출판학 교류가 주로 중국과 일본을 중심으로 이루어지고 있는데, 다른 나라로 더욱 확대되어야 한다는 건의였다. 그렇다면, 맨 처음 교류할 나라를 찾아보라고 하여, 여러 생각 끝에 러시아를 선정했다.

러시아는 2003년만 해도 공산주의 국가, 철의 장막에 가려진 국가라는 이미지가 여전히 남아 있었다. 1990년 한국과 러시아 사이에 수교는 맺었지만, 당시는 출판 교류 대상 국가로는 아무도 생각조차 하지 않을 때였다. 그러나, 러시아는 톨스토이, 푸쉬킨 등과 같은 위대한 작가들의 나라가 아닌가? 출판도 활발할 것이라는 막연한 기대감에서 러시아에 관하여 살펴보니 출판문화의 활성화는 물론이고 모스크바에 국립출판종합대학교가 있는 것을 확인하였다. 범우포럼 회원들과 범우재단 관계자들은 2004년 7월 25일부터 일주일 동안 러시아를 직접 방문하여 활발히 움직이기 시작하는 러시아 출판산업계를 견학할 수 있었다. 또한, 모스크바 출판종합대학교와 범우재단 공동으로 세미나를 주최할 수 있었다. 세미나 주제는 "러시아 출판산업 혁신의 성과와 전망"이었다. 그 대학에 마침 실력 있는 한국 유학생이 있어 통역에도 문제가 없었고 심도 있는 상호 교류를 할 수 있었다.

러시아 방문 일정은 국립출판종합대학교 방문 외에도 다양했다. 구체적으로 러시아연방정부 출판청 청장 예방, 러시아출판보급협회장 면담, 모스크바서점, 톰 크니기서점, 베췌출판사, 주간 〈출판전망〉, 중앙도서수집센터,

국립레닌도서관 등을 방문했다. 모스크바의 국립레닌도서관 앞에는 거대한 동상이 서 있었는데, 그 주인공은 장군이나 황제가 아니라 도스토예프스키였다. 새삼 문학의 나라임을 실감하게 된다. 그뿐 아니라 도스토예프스키 박물관, 톨스토이 박물관, 푸쉬킨 박물관 등등 문학인을 기리는 박물관이 곳곳에 자리잡고 있어 우리와 같은 외국인들을 불러들였다.

러시아 방문 다음 해인 2005년에는 마침 프랑크푸르트 도서박람회에 한국이 주빈국으로 참여하게 되어, 범우재단에서도 국제 출판 교류 대상국을 독일로 결정했다. 아시아 국가로서 프랑크푸르트도서전의 주빈국이 된 것은 당시로선 큰 뉴스였다. 중앙정부에서도 커다란 관심을 기울여, 문광부 장관이 아니라 국무총리가 도서박람회에 참여했다. 묘한 인연이, 당시 국무총리는 한때 범우사 편집실에서 근무했던 이해찬(전 국회의원·국무총리)이었다.

우리 일행은 프랑크푸르트도서박람회 참석 후 인근 도시인 마인츠로 가서 구텐베르크박물관을 관람한 다음, 독일 방문의 주목적인 세미나 참석을 위해 베를린으로 향했다. 세미나는 2005년 10월 20일 베를린자유대학 콘퍼런스홀에서 범우재단과 베를린자유재단 공동 주최로 열렸는데, 주제는 "동서독 출판시장 통합효과와 시사점"이었다. 포츠담 대학의 로카티스 교수가 주제 발표를 했고, 독일측에서 훔볼트 대학의 한국학과 피히트 교수, 한국의 김정숙·부길만·윤세민·이은국 교수가 지정토론자로 나섰다. 세미나는 참으로 인상적이었다. 서독과 동독이라는 서로 다른 입장을 대변하는 로카티스 교수와 피히트 교수의 토론에서는 한반도의 남북관계가 연상되어, 독일이 겪었던 과거의 사례와 현재의 상황이 아니라, 한국의 현실과 미래의 방향을 주제로 토론하는 느낌이 들었다. 이 세미나의 주제 발표문과 토론 내용은 범우사에서 펴낸 단행본《독일의 통일과 출판시장 통합연구》에 잘 나와 있어 더 이상의 소개는 생략한다.

베를린 세미나 외에도 우리 일행의 독일 일정은 다양했다. 베를린 장벽 유적, 국립박물관 이집트 특별전, 포츠담 회담장, 하이델베르크대학과 라이프치히대학 등의 탐방이다. 그리고 체코로 건너가 프라하 시내의 아름다운 모습을 보며 감탄했고, 프라하의 스트라호프 수도원에 가서 양피지본(인큐나블라)을 볼 수 있었다.

세 번째 국제출판 교류는 2007년 1월 31일부터 3박 4일 동안 타이완 타이페이에서 이루어졌다. 우리 일행은 16명이었는데, 범우출판장학회를 초창기부터 이끌어 준 한승헌 변호사도 동행했다. 여행 중 들려주는 한 변호사의 유머는 언제나 우리 모두를 즐겁게 만든다. 범우재단과 중화민국도서발행협진회 공동 주최로 세미나를 했는데, 주제는 "타이완 출판산업의 발전과 양안교류협력"이었다. '양안'이란 중국 본토와 타이완을 말한다. 중국과 타이완도 적대적인 관계지만 한국의 남북관계와 달리, 중국과의 출판 협력이 증대하고 있다니 우리로선 부러운 일이다.

세미나 외에도 타이완 행정원의 쩽웬탕 국장(우리나라 장관에 해당) 면담, 타이페이 국제도서박람회 참관, 중화민국출판사업협회, 중화민국도서발행협진회 및 서점 답사, 고궁박물원 관람 등의 일정이 있었다.'비좁은 대만 땅'이라고 막연히 알고 있던 타이완에서 박물관의 규모와 각종 문화재를 보며 놀랐고, 특히 책의 종류에 맞추어 복합문화 시설이나 다용도 실습 공간을 갖춘 서점의 규모와 디스플레이를 보며 많은 것을 느꼈다.

제4회 국제출판 교류 대상국은 베트남이었다. 범우재단 관계자와 범우포럼 회원 10명은 2009년 1월 15일부터 일주일간 하노이로 가서 베트남출판협회와 공동으로 세미나를 가졌는데 주제는 "한국·베트남 간의 출판 협력"이었다. 베트남 측에서 출판협회 책임자들이 직접 나와 주제 발표를 하였다. 출판협회 회장 응웬 키엠 박사가 "베트남정부의 출판 정책"을, 출판협회 부

회장 크란 돈 램 박사가 “베트남 출판산업의 실태와 전망 및 한·베트남 출판교류 협력 방안”을 발표했다.

한국 측에서는 이문학 교수가 한국 출판산업의 역사와 현황 및 한·베트남 간 출판교류 협력 방안에 대하여 발표했다. 특히 이문학 교수의 발표 내용은 베트남 언론에 여러 군데 소개될 정도로 주목을 받았다.

이번 베트남 방문 기간 중 베트남 주재 한국문화원에서 “한지韓紙 미술전시회”를 주최했는데, 7인의 미술·디자인 전문가의 작품이 전시되었다. 우리 일행 중 김정숙 교수의 작품도 전시되어 그 의미가 더 컸다. 김교수는 이번 전시를 주재했고, 전시회 개막식에서 작품과 작가들을 소개하는 인사말을 했다.

그 외에 우리 일행은 정보통신부 차관 예방, 인쇄사, 베트남 출판유통센터, 서점 견학, 하노이와 하롱베이 문화 탐방 등을 한 다음, 캄보디아로 건너가 앙코르와트 문화유적을 관람했다.

제5회 국제출판 교류는 2013년 8월 중국 방문으로 이어졌다. 당시 베이징에서 열렸던 중국베이징국제도서전 참관도 겸했다. 그리고 범우재단과 인민대학출판사와 공동으로 세미나를 주최했는데, 그 주제는 “한·중 출판교류 20년-범우사와 인민출판사의 교류 상황과 그 의미”였다. 범우사는 중국과의 출판교류에서 선구적 역할을 한 출판사이다. 1994년 3월 윤형두 회장은 범우사 대표로 중국을 방문하여《등소평 문선》저작권 계약을 하고, 같은 해 7월 국내에서 출간한 바 있다. 그 후에도《모택동 선집》《나의 아버지 모택동》《중국 통사》등 다수의 중국 서적들을 번역 출간한 바 있고, 범우사의 책《넓고 넓은 바닷가에》(윤형두 자전적 수필집)가 중국에서 번역 출간되기도 했다.

제6회 국제출판 교류에서는 2015년 7월 중국 연변에서 연변대학교 조선한국학원(조선한국학 단과대학) 교수들과 만나 공동 세미나를 할 수 있었다.

주제는 "남북한 출판 교류를 위한 과제와 전망"이었는데, 범우재단에서 큰 관심을 기울이고 있는 남북통일과 출판 연구의 일환이었다고 할 수 있다. 이 세미나를 진행하는 데에는 연변대학교 신문학과 이봉우 교수의 역할이 컸다. 그는 2003년 한양대학교 신문방송학과 박사과정 재학 중 장학금을 받은 범우출판장학회 회원이다. 그는 당시 한양대와 연변대 교수 교환 프로그램으로 한국에 와 있었다. 이때의 인연은 계속 이어져 이봉우 교수는 현재도 범우재단의 북한 출판 실태 조사 프로젝트를 맡아 연구 중이다.

제7회 국제출판 교류에서는 출판 왕국 나가노현을 방문하고 일본 출판의 역사와 현황을 살펴보는 시간을 가졌다. 우리 일행은 독서운동으로 유명한 시오지리 시립 도서관, 이와나미서점의 간행도서를 모두 갖춘 역사관 성격의 신슈후주문고, 이와나미서점 창업자인 이와나미 시게오의 기념실, 치쿠마쇼보(출판사) 창업자 후쿠타 아키라 기념관 등을 탐방하고, 범우재단과 시오지리 시립 도서관이 공동으로 개최한 세미나에 참가했다. 세미나 주제는 "출판왕국 나가노 지방과 일본 출판의 가능성"인데, 진지하고 열띤 토론이 이어졌다. 세미나 내용과 탐방 결과 보고서는 세미나 주제와 같은 제목으로 범우사에서 단행본으로 나온 바 있다. 탐방단에 합류한 일본인 출판평론가 다데노 아키라 선생은 일본의 출판 전문 잡지《출판 NEWS》(2018년 9월 상순호)에 이 책을 상세히 소개하고 그 출간 의미를 "한국 출판연구자들이 나가노 지방을 방문, 현지 분위기에 흠뻑 빠져 일본출판의 역사, 현상에 대해 기탄없는 견해를 피력해준 점"이라고 밝히며, 이렇게 말한다. "그동안 국제회의란 이름의 다양한 모임이 여러 차례 열렸지만, 이제부터는 제각기 '말잔치'로만 끝내지 말고, 차분하게 상대방의 의견·견해를 받아서 과제·제안들에 대해 구체적으로 결론을 도출해내도록 힘쓰는 계기가 되었으면 하는 바람이 절실하다."

우리 일행은 귀국길에 동경에 들러, 진보초에 있는 한국 서적 전문 북카페 '책거리'를 방문하고 김승복 대표와 면담했다. 그리고 각자 진보초 서점가를 다니며 일본의 서적문화를 살펴볼 수 있었다.

범우출판장학회에 거는 기대

이상으로 범우출판장학회 29년의 다양한 활동과 그 의미를 필자의 경험을 바탕으로 서술해 보았다. 이 글을 쓰며 범우출판장학회가 우리 출판산업의 발전과 출판학 진흥에 끼친 영향이 다대했다는 사실을 새삼 느끼게 되었다. 범우출판장학회의 회원으로서 자부심을 갖게 된다. 우리나라에 장학회 종류가 많지만, 출판 관련 장학제도를 지속적으로 운영하는 단체는 범우출판장학회뿐인 것 같다. 유사한 장학 단체를 꼽는다면 아마 학원 장학생 모임을 들 수 있을 것이다. 1950년대 중고생들에게 큰 영향을 준 월간잡지《학원》의 설립자 김익달 대표는 학원장학재단을 세워 실력 있는 학생들에게 장학금을 주고 격려했다. 이 재단을 통해서 우리 사회와 문화에 공헌한 인사들이 다수 나왔고, 장학생들의 모임도 만들어져 현재까지 활동하고 있다. 그런데 그 장학생들의 전공 분야는 다양하다.

출판 또는 출판학 매개로 형성된 장학생 모임은 범우출판장학회가 유일하다는 점 때문에 그 의의를 다시금 생각하게 된다. 앞으로도 범우출판장학회가 적극적으로 활동해나감으로써 출판산업과 출판학의 발전에 크게 기여할 수 있을 것이다.

현재 출판산업이 위기라는 일부의 시선이 있고 출판 불황이라는 목소리가 높은 것도 사실이지만, 우리 출판계는 국권 상실, 분단과 전쟁, 궁핍 같은 어려움 속을 뚫고 발전해왔던 역사가 있다. 그 발전 비결은 바로 교육과 인재 양성이었다. 출판계의 인재 양성을 목적으로 조직된 장학회가 건재하고 범우출판포럼 같은 모임이 집단지성의 힘을 발휘할 때, 한국 출판계는 비관주의의 장애물을 제거하며 활기찬 미래를 열어갈 수 있을 것이다.

연鳶처럼 살고파

송준용
(수필가)

한 해가 저물어가고 있는 1990년대 후반에 나는 종합출판 범우사를 찾아간 적이 있다. 수필집 한 권을 출간하고 싶어 미리서 준비한 수필원고를 지닌 채였다.

그때만 하더라도 서울 지리에 밝지 못했던 나는 범우사를 찾아가는데 여간 애를 먹지 않았다. 서울의 거리들이 늘 그렇듯이 지나친 곳을 가다보면 새 길 같고 새 길처럼 여겨졌던 거리가 지나친 길이었고 그렇게 헤매던 끝에 겨우 범우사를 찾을 수 있었는데 그렇게 반가울 수가 없었다. 마치 미지의 땅에서 아는 사람을 만났을 때처럼 반가웠다.

그러나 그러한 설레임도 잠시 편집부의 직원인 듯한 사람이 나를 맞았는데 어디서 왔으며 무슨 용무로 왔느냐고 캐물었다. 나는 가뜩이나 다급했던 터라 전혀 다듬어지지 않은 전라도 사투리로 찾아오게 된 동기를 솔직하게 말했다.

"다름이 아니라 책 한 권을 낼라고요."

"무슨 책을?"

"수필집 한 권을요"

“그렇다면 원고는 준비되었습니까?”

“지가 직접 가지고 왔는디요.”

편집부 직원과 이런 대화를 나누고 있었는데 그날따라 나 말고도 내방객來訪客들이 많았다. 한결같이 나이가 드신 노신사들이었다. 그때 내가 보았던 인사들 중에는 전택부 YMCA총무, 김동길 교수, 한승헌 변호사 등이었는데 무슨 중대한 모임이 있는 듯했다. 내가 그들을 알아볼 수 있었던 것은 사회적으로도 유명한 분들이었기 때문이다.

그들을 보는 순간 나는 어떤 위세에 눌려 갑자기 작아져버린 듯한 존재감을 느꼈다. 그때 나의 신분은 더 할 것도 덜 할 것도 없는 대한민국 6급 공무원에 지나지 않았기 때문이다. 게다가 개장수들이나 입고 다님직한 가죽잠바 차림이었으니 말하지 않아도 나의 신분은 노출된 거나 다름이 없었다.

나는 편집부 직원과 이런 저런 이야기를 나누고 나서 윤 사장님과의 면담을 요구했다. 제1화두도 수필집 출간이요 제2화두도 수필집 출간이었는지라 면담만이 나를 구원(?)할 수 있는 길이라고 생각했기 때문이다. 첫 수필집에 대한 기대가 그만큼 컸다는 뜻도 될 것이다.

그때 나는 범우사가 어떤 출판사라는 것을 대충은 알고 있었다. 현대인들의 필독서라고 할 수 있는 〈범우 고전선〉〈범우 사상신서〉〈범우비평판 세계문학〉〈사르비아 문고〉〈범우문고〉 등을 출간했을 뿐만 아니라 그 위상에 걸맞게 좋은 책만을 출간한다는 소문이 나돌고 있었기 때문이다.

보아하니 그날 범우사에서는 모종의 중요한 모임이 있는 듯 했다. 그러나 나는 물러서지 않고 사장님과의 면담을 집요하게 요구했다. 그렇게 하여 윤형두 사장님과의 면담의 자리가 이루어졌는데 첫눈에 도시형 인텔리겐차가 아니라 시골에서 들일을 마치고 돌아온 이웃집 아저씨의 그것과 같은 인상이었다. 나의 긴장감이 풀렸던 것도 그 때문이었을 것이다.

나는 와락 껴안고 싶었으나 체면상 그럴 수도 없어서 격식을 갖춰 이야기를 하느라 여간 힘들지 않았다. 그때 사장님은 출판인으로서 뿐만이 아니라 수필가로서의 위상도 대단했다. 더구나 사장님은 시대의 격랑激浪을 비껴가지 않고 정면으로 맞서다가 《다리》지 필화사건으로 투옥되는 비운을 겪지 않았던가! 그런 분이 어떻게 저렇게 큰 회사는 일으켜 세울 수 있었단 말인가. '시련은 있어도 실패는 없다'는 어느 경영인의 말을 그대로 재현해 놓고 있었던 것이다.

나는 사장님의 인생이 부러웠다. 고향을 떠나 입지전적立志傳的으로 살아온 분들이 허다했지만 정도正道가 아니면 가지 않는다는 사장님의 철학을 읽을 수 있었기 때문이다.

각설하고 나의 수필집 〈첫눈〉은 그해 연말쯤에 범우사의 옷을 입고 이 세상에 태어날 수 있었다. 나의 수필집이 '범우'라는 이름표를 달고 나오자 나와 같이 글을 쓰고 있던 사람들은 매우 부러워하는 눈치였다. 그 시류에 편승하여 그해 연말을 다소 들뜬 기분으로 보냈던 기억이 난다. 이 모두가 사장님의 따뜻한 배려 때문이었음을 어찌 잊을 수 있겠는가.

그 후 나는 한 세월이 경과한 후, 무슨 병이 도졌는지 부지중 범우사를 찾았다. 그동안 사장님은 모든 출판관계의 실무에서 물러난 채 한 사람의 자연인으로 돌아와 있었다. 그렇게나 열망했던 자유를 만끽하고 있었던 것이다. 건강도 여전해서 전혀 문제될 게 없었다.

> 줄 끊어진 연이 되고 싶다.
>
> 구봉산九鳳山 너머에서 불어오는 하늬바람을 타고 높이높이 날다 줄이 끊어진 연이 되고 싶다. 꼬리를 길게 늘어뜨린 채 갈뫼봉 너머로 날아가 버린 가오리연이 되고 싶다.

바다의 해심海深을 헤엄쳐 가는 가오리연처럼 현해탄을 지나, 검푸른 파도가 끝없이 펼쳐져 있는 태평양 창공을 날아가는 연이 되고 싶다.

나는 사장님의 명작수필 〈연鳶처럼〉의 첫 구절이 떠올랐다. 그렇게나 갈망했던 불구속의 자유! 어쩌면 사장님은 그렇게 살고 싶어서 이 시대의 격랑을 헤쳐 온 것인지도 모른다. 그리하여 하늘에 뜬 연처럼 거치적거릴 것이 없는 자유를 확보한 것인지도 모른다. 책과 관련된 일을 하시다가 출판사 사장직을 끝으로 여기까지 왔는지도 모른다. 여수시 돌산면突山面 면장이나 되라하시던 어머니의 간절한 소원에도 불구하고 아랑곳하지 않은 채 여기까지 왔는지도 모른다.

그날 나는 사장님을 만나 나의 수필집 발간 건 외에도 동향인同鄕人으로 유명했던 영화배우 박노식, 권투선수 김기수 등의 이름을 거명했을 때 사장님의 얼굴은 동안童顔처럼 밝아졌다. 어두운 시대를 헤쳐온 분이었으니 어찌 그들에 대한 감회가 없을 수 있겠는가.

그로부터 나의 제2수필집 《가시나무새의 전설》은 빠른 걸음으로 두 달이 채 안되어 지난 8월초 세상에 빛을 보게 되었다.

학자, 문인, 의사, 변호사, 출판업자, 조경사, 심지어 청소부에 이르기까지 가리지 않고 사귀었다던 윤 사장님. 그들이 있었기에 사장님도 존재할 수가 있었으니 '널리 친구들을 좋아한다는 뜻에서' 내걸었다던 범우사의 전설은 영원하리라.

시대의 명품, 범우 범우사

김수자

(수필가·순천문학회 회장)

'범우사'를 처음 알게 된 것은 여고시절이다. 여고에 입학해서 '범우사'의 명성을 귀동냥으로 알았다. 나는 중학교를 졸업할 때까지 도서관 구경을 못 해본 촌뜨기다. 집에도 학교에도 읽을 것이라고는 없어서 어쩌다 오빠 방에서 너덜너덜 헤진 '벌레 먹은 장미'를 주워 읽다가 된통 혼이 났던 기억이 남아있다. 도시의 고등학교에 가서야 번듯한 도서관을 만났다. 문학이 뭔지도 모르면서 도서관의 가운데 자리를 차지하고 범우사에서 나온 책을 펴들고 잔뜩 폼을 잡았던 기억이 난다.

범우사 하면 어딘지 신뢰가 앞서고 고상하다는 분위기가 지배적이었다. 그럴만한 근거나 뚜렷한 까닭도 없이 무조건 범우사— 좋은 출판사, 범우사에서 나온 책은 훌륭한 책, 유익한 책 등의 분위기가 압도적이었다. 범우사 출판물이면 무턱대고 읽었고 책속의 내용보다는 과장되게 감동하고 뽐내고 긍지를 가졌다. 범우사에서 책을 낸 저자도 유별나게 실력 있어보였고 선망의 대상이었다. 그때로부터 50년이 지난 그저께 문학모임에서 만난 노시인도 이런 분위기에 동조했다. 6, 70대 이후 세대들은 뒷주머니에 범우사 문고 꽂고 다녔다는 말 한마디면 '나는 젊은 시절 문학청년이었고 독서께나 했지요'라는 뜻과 동일시되었다. 입소문이나 홍보가 참 잘 돼있었던 것 같다.

고등학교에서 처음 문학 서적을 접했던 나는 그로부터 25년 후에 첫 수필집을 범우사에서 냈다. 그 세월 동안 나는 결혼을 했고 돼지농장 안주인에다 수필가로 변신해있었다. 누가 알았을까. 내가 수필가가 되고 범우사에서 수필집을 내게 될 줄을. 삶의 길은 예측이 불가능한 신비와 변화의 연속이다. 수필집을 내기 위해 물어물어 범우사를 찾아갔던 때가 엊그제 같다. 지금처럼 이메일이 없던 때라 사람이 직접 찾아가서 상담을 했고, 교정원고나 기타 준비물은 우편을 이용했다. 마포구 구수동에 있던 범우사에 가려면 출구가 8개쯤(그보다 더 많았을지도 모른다) 되는 로터리의 지하도를 건너야 하는데 매 번 엉뚱한 출구로 나오는 바람에 다시 들어갔다 나오기를 한 시간 넘게 되풀이했다. 우리나라 맨 남쪽하고도 극 오지의 '돼지엄마'에게는 서울에서 건물을 찾는 일, 도로를 건너는 일이 히말라야를 오르는 것만큼이나 두렵고 힘들었다.

천신만고 끝에 찾아간 범우사에서 윤형두 사장님께 점심을 대접받고 주간이었던 고故 박연구 선생과 면담을 했다. 수필계의 대부라는 선생 앞에 앉으니 햇병아리 수필가인 나는 까닭 없이 주눅이 들었고 입이 얼어붙었다.

"제목은 생각해놓은 게 있어요?"

"'돼지일가'요."

"아니, 여자가 쓴 수필집에 '돼지'가 들어가다니 말도 안 돼!"

"'돼지엄마'가 쓴 '돼지이야기'에 '돼지일가' 말고 무엇이 어울릴까요?",

"법구경에서 한 대목을 뽑든지 해야지 돼지가 들어가는 것은 안 돼요"

제목이 책의 얼굴인데 돼지를 넣어서 어쩔 셈이냐. 그러면 독자들이 아무도 안 읽는다고 질색이었다. 나는 박연구 선생께서 내 글을 읽기나 했는지 의문스러웠다. 세상에 돼지이야기에 법구경을 붙이다니 말이 되는가? 나는 나대로 선생님께 믿음이 가지 않았다. 나는 그때 법구경이 뭔지 알지도 못했다. 탐욕의 상징인 돼지에 고차원적인 법구경이라, 내용물에 비해 과대 포장된 선물꾸러미처럼, 몸에 맞지 않는 옷을 걸친 것처럼 어색하기 짝이 없었다. 시원한 결론을 내지 못한 채 이번에는 편집장에게 인계되었다. 새파랗게 젊은 그 편집장은 선선히 '돼지일가'에 찬성표를 던졌다. 그 책의 제목은 단 하나, '돼지일가'밖에 없다고 못을 박았다. 천만 원군을 얻은 듯 나는 기분이 좋아졌다. 제목 덕분이었는지 책이 나오자마자 전남문학상 수상의 영광을 안았고 돼지엄마로서의 명성도 한껏 드높였다. 그런데 요즘 들어 문득 법구경 한 대목을 강력히 추천했던 박연구 선생의 말씀이 솔솔 되살아나니 이상하다. '비유의 최고봉'이라는 법구경에서 한 대목 따 왔더라면 어땠을까 살짝 궁금증이 일기도 하는 것이다. 평생을 돼지 뱃사공에 기대어 인생의 나루를 건너가는 돼지엄마로서는 이 세상에 돼지보다 더한 은인은 없기 때문이다.

사연 많은 범우사에서 지난 6월달에 세 번째 수필집을 냈다. 다시 책을 낼 기회가 올까 진지하게 고민하면서 어느 때보다 심혈을 기우렸다. '인생 최초의 40년이 본문을 만드는 일이라면 나머지는 주석註釋을 다는 시기'라는 쇼펜하우어의 말을 되새기며 내 인생에 이해불가였던 부분들을 열심히 설명하고 토를 달았다. 친지들에게 책을 보였더니 '그 이름도 유명한 범우사에서 내셨군요.' 라는 반응들이 돌아왔다. 표지도 제목도 범우사라는 명성에 어울리게 무게감이 있네요 등등 역시나 실물보다 몇 배나 좋은 이유들을 줄줄이 늘어놨다. "범우사의 어떤 점이 좋은데요?" 나는 넌지시 좋은 이유를 구체적으로 대답해보라고 유도했다. 한 분이 좋은 이유를 길게 카톡으로 보내왔다. "범우문고에 법정스님의 《무소유》가 스테디셀러로 유명하고, 여러 가지 세계문학전집과 사상전집 시리즈가 있으며, 양서 출판만을 고집하는 것으로 알려져 있습니다. 특히 윤형두 대표가 우리나라 출판문화계에 상당한 위치를 점하고 있지요. 여수가 고향이며 순천농고 출신으로 알고 있습니다."

꼼꼼하게 확인해보지는 않았지만 대충 훑어봐도 이 정도면 95점짜리 대답은 될 성싶다. 양서 출판만을 고집한다는 표현에 괜히 우쭐해진다. 내 책도 양서(?)가 된다는 말이 되겠기에 그렇다. 예나 지금이나 범우사의 명성은 크게 달라지지 않았다. 긴 세월 한결 같은 호평의 근거는 뭘까? 범우사가 호평을 받는 이유는 윤형두 대표의 영향력이 절대적일 것이다.

내가 처음 범우사를 소개받은 것은 내 친구로부터였다. 윤형두 대표는 내 친구 남편의 친구다. 친구 부부한테서 귀동냥한 내용은, 가난한 시절에 함께 학교를 다녔고 현재까지도 각별하게 우정을 나누는 사이지만 범우사의 성공 비결을 속속들이 파악할 수 있는 데까지는 미치지 못했다. 멀리 떨어져 사는 데다 각자 다른 길을 걸어가는 친구 사이엔 당연히 그럴 수 있을 것이다.

윤형두 대표는 순천을 빛낸 수필가로 2014년에 제11회 '순천문학상'을 수상했다. 수상자의 자료들을 살펴보는 과정에서 '한 출판인의 자화상'을 읽다가 모든 의문이 풀렸다. 나는 '한 출판인의 자화상'을 이틀 사이에 밑줄 쳐가면서 탐독했다. 필력이 뛰어난 데다 재미있고 드라마틱한 출판인의 인생이 감동적으로 그려져 있었다. 그는 자신의 수필에 대해 '주제니 허구성이니 하는 이론은 잘 모른다'고 표현했다. 그렇다. 글이 주는 감동은 글쓰기의 기술에 있는 것이 아니라 진정성 있는 삶의 자세에 있음을 알 수 있다.

올해로 82세가 되는 윤형두 대표는 일본에서 태어나 식민지국민으로서의 설움과 해방, 여순 사건, 6·25, 4·19, 5·16 등등 굵직한 역사의 소용돌이 속을 헤쳐 나왔다. 그의 삶을 관통하는 핵심 키워드는 본인의 말마따나 식탐과 책탐으로 요약할 수 있다. 그는 지금도 먹을 것과 읽는 것에 갈증을 느낀다고 한다. 평생을 따라붙는 '식탐과 책탐'은 인생 전반기의 대부분을 먹을 것과 읽을 것에 굶주려왔기 때문이다. 절대빈곤의 시기에 그가 겪었던 식탐과 책탐은 훗날 종합출판 범우사 대표로서의 인간성 형성에 훌륭한 밑거름이 되었다.

'범우'는 친구를 널리 좋아한다는 뜻이다. 그의 성공의 바탕에는 다양한 분야의 친구들이 포진해 있다. 어려운 시기에 가족을 보살펴주며 고통을 함께 나누었던 친구들이다. 그럴 수 있었던 것은 '부모 팔아 친구 사라'고 가르쳤던 홀어머니의 가정교육 덕분이다. 만인에게 사랑받는 범우, 범우사는 명품으로서의 이유가 충분하지 않은가.

책을 떠나는 나비

조경훈
(시인 · 애서가산악회 총무)

진리에 통찰을 더하니
역사의 다리가 놓였도다
우리는 그 다리를 건너
얼마나 멀리 우주 밖으로 뛰쳐나갔던가
아! 여기에 다리가 되어주신 출판인 한 분
이제 청동좌상이 되어 책을 펴들고
뜰에 나와 독서 중이시다

낮에는 햇살이 그 책 속으로 쏟아져 들어오고
밤에는 별들이 내려와서 잠드노니

오 상념의 어휘들이여!
갇혀 있는 진리의 나비들이여!
이제는 그 책을 떠나 날아가라

정의를 가꾸는 고뇌의 꿈밭
그 검은 밤바다에서 날아올라
이 세상을 더 환하게 하라

멈출 수 없는 열정의 정화
한 겨울에도 눈비 맞으며
여기 책이 되어 앉아계시도다.

조경훈, 《바람이 꽃잎 위에 새긴 시》(예조각, 2017)

윤형두 출판인의 화갑華甲에 부치는 하사賀詞

이경훈

(전 대한출판문화협회 사무국장)

1

책 문화의 이상 높은 깃발 아래
빛나도다 외길 40년!
약관 20에 그대 이미
하늘의 부름을 받았도다
험난한 가시밭길인데
유혹 뿌리치고 참아냈으니
그대에게 보내는 찬미는
모든 동인의 부러움이라오.

2

그대 운명적으로 태어난 곳
아버님께서 품팔이 간 일본 땅
조선 사람이 당한 모멸과 학대
어린 가슴에 응어리로 남아
소년기에 추억담 되뇌더니

40년 뒤 출판인으로 사가미하라*에 입성
그대의 가슴속 깊이 서린
민족분단의 아픔 알만도 하오.

3
우리는 '범우'의 창업정신을
이름 두 글자에서 찾는다
8·15를 시점으로 두 동강난 조국
오직 친화로 봉창하자는 것
그대가 공동체에 바친 업적은
출판학회와 협동조합의 영수로
또 당신의 문기와 삶의 진솔함이
몇 권의 수필집으로 이름 떨쳤네.

4
40년간 출판량 1,600종
평균 문고 만 권 기타 3,000권씩
미루어 독자 1천만, 얼씨구나……
당신의 흰머리는 극가의 월계관

---

37) 1986년에 도쿄에서의 IBBY(청소년도서에 관한 국제위원회)를 마치고 52세의 장년 윤형두 사장이 3학년 때까지 다녔던 사가미하라(相模原)소학교를 방문하여 쓰라렸던 과거를 반추하는 일, 필자는 재미교포 일가가 마침 그곳에 살고 있는 관계로 그의 힘을 빌기 위하여 동반하게 되었는데 상전벽해로 변화가 극심한 윤 사장이 놀고 생활하던 이곳저곳을 안내받아 어림잡아 돌아볼 수 있었다.

최고의 영광 창업을 후세에 전승함이어
정신자원의 개발이 출판의 사명일진대
21세기 교육개혁의 묘책이라면
"책의 힘"을 국민 모두가 재인식함이오.

1995. 7. 30.

정릉 완시재玩柹齋에서

여리고 모질지 못한 분

이상보

(전 국민대 교수 · 범우독후감공모 심사위원장)

우리의 길벗인 범우 윤형두 님께서 환갑을 맞으셨습니다. 이분은 예순을 살아오시는 동안에 여러 단체에서 많은 책임을 맡아오셨습니다. 그러나 여기에서는 한국출판학회의 회원으로서 이사와 회장을 지내시고, 지금도 고문의 큰일을 맡아서 애쓰시는 윤형두 님의 회갑을 기리고자 합니다.

광복이 된 지 50년이란 시간의 흐름 속에서 이 땅에는 많은 출판사들이 비온 뒤에 대순이 나듯 생겨났습니다. 그러나 한 나라의 문화 사업으로 매우 소중한 출판에 대해서 그저 책을 만들어 파는 것만으로 자족하고 있었습니다. 그런데 일찍이 고 남애 안춘근 님을 중심으로 한국출판학회를 창설하여 출판학을 학문적으로 체계 있게 연구하는 일에 힘쓴 분이 바로 윤형두 님이었습니다.

이제는 고인이 된 안춘근 초대회장을 모시고 부회장의 자리에서 그림자처럼 도와 학회지 《출판학연구》를 범우사에서 내주었으니 그 재정적 뒷받침으로 오늘날의 발전상을 볼 수 있게 된 것입니다. 또 일본과 중국을 오가며 그곳의 출판학자들과 교유하며 국제출판학 연구대회를 계속해서 열 수 있도록 추진해오신 공적을 잊을 수가 없습니다.

특히 안 회장이 돌아가시자 그 뒤를 이어 제2대 회장이 되신 후에는 더욱 학회를 튼튼한 자리로 끌어올려 세계적인 연구단체로 자리를 굳혀 놓았습니다. 그리고 '남애출판저술상'을 제정하여 그 기금을 모금함에 있어 먼저 자신이 큰돈을 내어 놓고 이를 추진하고 있으니 어찌 가득하다 말하지 않겠습니까?

"사람은 혈육이나 벗으로부터 아무리 친한 사이라도 한 번 죽으면 그만이다"라는 말이 있습니다. 사실 살아 있을 적에야 죽자 사자 하고 친밀히 지낼지라도 한쪽이 죽으면 그뿐, 어느새 잊어버리는 게 흔히 있을 수 있는 세상 사람들의 모습일 것입니다. 그런데 윤형두 님은 그렇지 않았습니다. 먼저 이승을 떠난 남애 선생이 남겨놓고 간 짐을 떠맡아 온갖 정성을 다해 잘 처리해 주셨습니다. 그래서 나는 윤형두 사장님을 의리가 두터운 분으로 알고 추켜세우고자 합니다.

그뿐이 아닙니다. 내가 이분과 함께 사귀며 지내온 서른 해도 훨씬 넘는 시간 속에서 보고 배우며, 놀래고 감동받는 일들이 너무나도 많았음을 말하고 싶습니다.

첫째로 윤 사장님은 새 책을 팔아 옛 책을 사들이는 분입니다. '2000년을 향하여 좋은 책을 만드는 범우사'라는 표어대로 마흔 해 남짓 나라 안팎의 훌륭한 저자들의 책만을 골라 펴내면서 범우사汎友社를 이 나라에서 으뜸가는 출판사로 키워왔습니다.

그러다가 이분이 한국고서연구회(처음에는 동호회)를 안춘근 님과 함께 만들어 그 회원으로, 이사로 있으면서 수많은 옛 책을 사들이고 연구하게 되었습니다. 어떤 때는 한 권에 몇백만 원씩 하는 책을 서슴없이 사는 것을 보았습니다. 그때마다 나는 "새로 낸 책 수천 권을 팔아서 기껏 먼지 낀 옛 책 한 권을 산단 말입니까?" 하고 안타까운 듯이 말했으니, 아마도 내가 영악한지 윤 사장님이 어리숙한지 모를 일입니다.

그래도 달이 지고 해가 뜨기를 몇 날쯤 하더니 이제는 옛 책 사랑방으로 범우사를 차려놓고, 드물고도 귀한 옛 책들을 산더미처럼 쌓아놓았습니다. 그러니 이제야 윤 사장님은 큰 새(대봉)요, 나는 그저 제비와 참새(연작)에 지나지 않음을 알게 되었습니다.

둘째로 윤 사장님은 마음이 여리고 모질지를 못해서 남에게 베풀기를 좋아하는 분입니다.

한번은 내가 남미의 칠레에 갔을 직에 알게 된 그곳 한인 회장 이장부 님을 모시고 범우사에 갔었습니다. 실은 칠레의 산티아고에 있는 한글학교에서 어린이들에게 읽힐 만한 책이 필요했던 것입니다. 그런 사연을 다 말하기도 전에 선뜻 아동도서며 사르비아문고 따위 서너 상자 분량을 주셨습니다. 그때 이 회장의 입이 함지박만 해졌던 일이 어제 같으니 아직도 그곳 한글학교의 어린이들은 범우사의 책을 읽으며 고마워하고 있을 것입니다.

그보다도 앞서 내가 명지대학의 교수로 있을 때였습니다. 어쩌다가 명지여고의 교장 구실을 맡게 되어 가보니 도서실에 쓸 만한 책이 없었습니다. 그래서 좀 도와달랬더니 글쎄 어마어마하게도 도서실에 가득 채울 만큼의 많은 책을 거저 보내주셨습니다. 나는 하도 어이가 없어 감사장이란 이름의 종이 한 장으로써 그 고마움을 갚아드렸습니다. 이렇듯 윤 사장님은 두멧구석이나 외딴 섬에 있는 그늘진 학교와 마을문고 등에 자주자주 많은 책을 보내주고 있음도 나는 잘 보고 있습니다.

그뿐만이 아닙니다. 해마다 전국 각 대학의 출판학을 공부하는 대학원생과 대학생들에게 장학금을 수십 명씩 주고 있으니 이는 오로지 이 땅의 출판인들이 본받을 바라고 생각합니다.

그리고 윤형두 님은 한 사나이로서 언제나 바르고 곧게 살고자 애쓰는 분입니다. 지난날에 바른 말과 곧은 글을 책으로 펴내다 돌집에 갇혀서 모진 어려움을 겪었으나 한 번도 자랑하는 것을 보지 못했습니다. 어둡고 답답했던 그 무렵에는 한길을 마음 놓고 다니던 사람들보다야 고샅길을 숨어 다니던 분들이 오히려 바르게 살던 나라 사랑꾼들이었습니다. 바로 윤형두 님은 그런 쪽에 서 있던, 뜻이 올곧은 선비였습니다. 그런데도 온누리가 바뀐 뒤에는 아무런 내색도 없이 출판사와 출판학회의 일에만 한결같이 힘쓰고 있으니 참으로 갸륵하고 어진 분이라 할 것입니다.

그런데 지난 여름에는 여러 출판사의 사장님들과 아프리카 여행을 다녀오셨답니다. 그때 킬리만자로의 산꼭대기까지 다른 사람들을 모두 젖혀두고 윤 사장님만이 끝까지 올라갔다고 합니다. 함께 갔던 허창성 사장님이 혀를 내두르며 하신 말씀이니 믿을 수밖에 없습니다.

그러니 윤 사장님의 예순 나이는 아직도 한창 젊은이의 꽃다움이라 여겨집니다. 예로부터 '사람살이는 예순부터'라고 했습니다. 그러나 요즘에는 '예순은 오히려 아직도 입에서 젖내 나는 나이'라고 해야 합니다. 왜냐하면 웃옷거리, 먹거리, 집살이가 모두 옛날보다 좋아졌고, 비나폴로다 하노백(한오백)이다 하는 신기한 장수약도 많아졌기 때문입니다.

그렇다면 우리의 존경하는 윤 사장님도 그 한뒤가 온 해를 누리고도 스무해쯤 더 살아도 끄떡없을 것입니다.

그러자면 이제는 좀 일손을 덜어 쉬엄쉬엄 한눈도 팔아가며 느슨해지셔야 합니다. 나날을 웃음으로 주름살도 쫙쫙 펴시면서 너그러운 마음으로 사람살이를 즐겨주시기를 바랍니다. 그래서 앞으로 일흔 살과 여든 살의 고비고비를 넘기실 때마다 우리 회원들과 가까운 길벗들을 불러 모으셔서 만수무강을 비는 헌수가라도 부르게 해주소서.

《'95 출판학연구》(1995. 12)

범우 윤형두 선생의 회갑을 기리며

윤 병 태

(한국고서연구회 회장)

을해년 양력 12월 27일은 범우 윤형두 선생이 회갑을 맞이하는 날입니다. 우리 한국고서연구회에서는 회우들이 정성스런 글을 모아, 이번에 출판하는 《고서연구》 제12호를 선생의 회갑기념호로 간행하기로 하였습니다. 제가 마침 이 모임의 회장으로 건재하고 있기에, 이 책머리에 간행사를 쓰게 되었습니다.

한국고서연구회는 1982년 5월 21일에 한국고서동우회라는 이름으로 창립하였습니다. 초대회장으로 남애 안춘근 선생을 모시고, 모임을 키워온 지도 어언 14년이 되었습니다.

범우는 우리 모임에 가입한 이래, 1983~1985년 사이에는 감사로, 1985년부터 지금까지는 이사의 소임을 맡아, 우리 모임을 키우는 데 힘써왔습니다. 범우가 우리 모임의 회비를 먼저 꼭 내고도 여러 번에 걸쳐 기부금을 내신 것은 회원 모두가 알고 있는 사실입니다. 이 생각이 바로 우리의 모임을 지켜나가고 키우려는 생각이라 하겠습니다.

우리 모임에서 범우 책 사랑을 기리기 위하여, 1989년 5월 27일에 제3회 '애서가상'을 드린 바 있습니다. 그때까지 받았던 어느 많은 상보다도 상금

한 푼 없는 이 애서가상을 무척이나 좋아하던 범우의 모습이 생각납니다.

범우가 책을 사랑한다는 사실은 우리 모두가 알고 있습니다. 범우가 베이징의 학술대회에 함께 참가할 때에 '좁쌀책'을 손에 들고 희희애애하던 모습이 떠오릅니다. 특히 범우가 우리의 옛 전적을 사랑하는 것은 남다릅니다. 범우는 고서를 모으기만 하는 것이 아니고 이를 많은 사람에게 공개하고 있습니다. 자신이 경영하는 범우사를 통하여 복제본을 만들어 온 세상에 널리 펴내고 있습니다. 많은 옛 지도를 모아 낱장 낱장을 다듬어서 복제한 것을 자랑한 일도 생각납니다. 범우가 만든 지도나 원색의 우리 옛 지도첩은 이제 전세계에 퍼져 있습니다.

범우는 여러 번에 걸쳐 범우사에서 개최한 개인전시회를 통하여 가지고 있는 책을 공개하였습니다. 금년 한글날에는 서울 시내 도심지인 영풍문고에서 우리 회원들이 그의 회갑을 기념하는 한글 책 전시회를 가졌습니다. 범우가 모은 한글 책을 중심으로 출품하도록 부탁하였습니다. 보물급의 귀중한 책을 출품한 것을 보고 관람한 많은 사람들이 우리의 한글, 즉 우리의 얼을 사랑하는 범우에 대하여 많은 찬사를 보냈습니다.

범우가 초대 회장인 남애 안춘근 선생을 사랑하는 마음은 인척인 제가 놀랄 정도입니다. 남애의 고서에 관한 책이나 서지학적인 저작을 여러 번 출판한 것도 범우였습니다. 남애의 학은學恩을 우리가 볼 수 있게 하는 데도 범우의 힘이 컸습니다. 범우가 전공을 출판학으로 하여 출판학회를 이었고, 남애 기념 출판학술상의 기금을 모아서 남애를 기리 빛나도록 한 점은, 범우가 얼마나 학구적이고 인간적으로 의리가 있는지를 보여주는 단면일 것입니다.

범우가 고난에 찬 경력을 딛고 일어서서 이루어놓은 출판에 관한 실적과 활동, 출판학의 학문적인 업적, 문필에 능한 범우가 이루어 놓은 문학적인 업적 등에 대해선 범우의 연보를 보면 알 수 있기에 약합니다.

우리들 책을 좋아하는 회우들이 범우에게 분명히 말할 수 있는 것은, 범우야말로 진정한 우리 책을 사랑하는 우리의 벗이며, 우리의 고서를 사랑하는 진정한 우리의 벗이라는 점입니다. 그런 뜻에서 우리 회우들은 글을 모아서 이 책을 꾸몄습니다. 더욱 빛나는 것은 범우가 애지중지하는 비장의 고려판高麗版, 《남명천화상송증도가南明泉和尙頌證道歌》를 영인하여 이 책에 붙이도록 허락하여 주셨다는 점입니다. 정말 고마운 일이며, 학계를 위하여 빛저운 일입니다.

범우가 오래도록 건강하여 앞으로도 많은 책을 모으고, 더 많은 일을 하도록 비는 마음 간절합니다.

끝으로, 이 책에다 글을 주신 여러 회우, 이 책을 편찬하는 데 어려운 시간을 내어 수고하여주신 편집위원회 위원, 특히 남윤수 박사, 이 책을 출판하여 주신 보경문화사 이상하 사장과 여러 사원들에게도 새삼 고마운 뜻을 전합니다.

《고서연구》 제12호(1995. 12)

'금발의 명품'—
범우 윤형두 회장님을 그리며

박 소 희

(화가)

그윽한 미소와 머리엔 황금빛이 감도는 당신은 명품 중에 명품이었습니다.

지난 어버이날 윤형두 회장님의 초대를 받고 출판사로 갔습니다. 회장님을 처음 뵙는 순간 놀라웠습니다. 분명 연세가 많으시다 들었건만 오십 중반 정도로 보이며 세련된 어조에 깊이 새겨지는 인상은 젊음이 한층 빛나 보였습니다.

회장님께서 말씀하시길 "나 오늘 박 화백이 온다기에 이발소 들러 머리를 깎았어요. 오늘이 마침 어버이날이라 TV에서 어버이 얘기가 나와 박 화백이 쓴 어머님의 글이 생각나 눈시울을 적셨네요"라 하셨습니다. 수십 년 세월의 풍파를 겪었을 터이나, 때 묻지 않은 순수함으로 반겨주었던 회장님의 첫 말씀……. 양복바지에 칼날 같은 선은 보이지 않았고, 비싼 구두를 신으신 것도 아닌데 이렇게 빛날 수 있을까.

'그래, 비싸고 좋은 명품을 두른들 이렇게 빛이 나는 명품이 또 있을까.'

건물로 들어서면서 놀라웠습니다. 영화 속에서나 볼 수 있는 누렇게 바랜 인쇄물들이 묶음, 묶음 선반에 누워 숨 쉬고 있었습니다. 내 자신이 작아지는 느낌이었습니다. 돈만 주면 쉽사리 살 수 있고 읽을 수 있는 책들……. 읽은 다음 툭하니 던져두거나 잘해야 책장에 끼워두고는 했던 책들이었는데, 한 권 한 권의 책을 만들어진 과정대로 분류하여 정돈해둔 그곳에 고스란히 모아진 오랜 '범우'의 역사를 보노라니……. 컴퓨터로 모든 것을 해결하는 편리한 시대에 옛 박물관을 본 느낌이었습니다. 빌게이츠가 제아무리 마이크로 소프트웨어를 잘 만들었다 한들 감흥이 올 수 있을까. 기계에서는 감흥이 떠오르지 않습니다.

역사는 흘러가는 것이 아니라 기록에 의해 전해지는 것. 그 역사를 전하기 위해 기록을 켜켜이 모아오신 회장님. 얼마 전 범우사 창립 41주년을 맞아 제17회 장학금 전달식과 22회 독후감 수상식이 있었다고 들었습니다. 진정 경이로울 따름입니다. 올곧은 마음과 행동으로 군계일학群鷄一鶴의 모습을 보여주시는 회장님, 힘든 출판 외길을 걸어오신 회장님의 자긍심과 신념은 과연 명품 중의 명품입니다. 회장님의 수필 속 동심은 황금빛 가을날 하늘에 수놓아진 새털구름이 연을 띠우고 어머님이란 바다에 갈매기가 돌아다니는 듯합니다. 그리운 어머님 무릎 위에 꽃이 피고 연과 갈매기들이 햇살과 파도를 가르며 꿈꾸는 동심은 '고향'이라는 연을 띠워 시들지 않는 꽃향기를 어머님께 날려 보내드립니다. 어머니를 그리는 풍수지탄風樹之歎은 산이 되고 강이 되어 수평선까지 굽이굽이 흘러 회장님 고향의 바다까지 흘러갑니다.

꿈이라는 등짐을 메고 가을바람 살랑살랑 부는 산에 오르시는 메아리, 황금빛 들녘 풍성함 이것이 제가 이 가을에 떠올려보는 당신의 모습입니다.

높은 하늘의 여린 햇살에 잠자리 깍지 끼고 빙빙 도는 가을 길에, 노랗게 물든 은행나무 조용히 눈에 띄지 않게 퍼렇게 피었던 꽃 열매 댕글댕글 하니 푸른 잎 노랗게 물들임은 거목이 이루어놓은 명품 중에 명품입니다.

《참 좋은 이들21》 2007년 11월호

범우 선생의 출판학에 대한 열정

이정춘

(중앙대학교 명예교수·전 한국출판학회 회장)

범우汎友 윤형두 선생의 열정은 어디까지인가? 선생의 아홉 번째 문집《한국 출판미디어의 제문제》를 감득感得하니 만감이 교차된다. 이분은 원로 출판인으로서 한국 출판산업의 성장통을 온 몸으로 겪은 분이기도 하지만, 초대 출판학자로서 사단법인 출판학회를 중흥시켰으며, 대학원에서 후학양성에 힘쓰고 미래의 출판학도를 위한 범우장학회와 초대 출판학자 고故 남애 안춘근 선생의 기념사업회를 손수 설립하여 꾸려온 분이다.

그동안 출판계는 출판산업이 국민의 생활세계와 가장 가깝게 맞닿아 있는 문화산업임에도 "출판기업인은 많으나 출판문화인이 없다"는 비판을 받아온 것이 사실이다. 그러나 범우 선생은 원로 출판인으로 초대 출판학자이면서 서지학자이고 고서古書수집가요 수필가인 진정한 출판문화인의 전형典型이고자 하였다. 물론 이 모든 것은 범우 선생의 출판에 대한 열정의 결실이다. 이번에 출간된 선생의 아홉 번째 문집《한국 출판미디어의 제문제》또한 스스로 "보관벽保管癖의 산물"이라고 겸허해 하지만 대학원 리포트들과《출판학연구》그리고 각종 세미나의 연구논문들을 이같이 '되새김질'할 수 있는 것은 평소 출판학에 대한 애정에서 아픈 산고産苦를 겪지 않고는 불가능한 일이다.

이 책은 이론적으로 좌화와 대비를 이루는 12개의 주제영역들로 구성되어 있다. 먼저 1~5주제들은 출판이론의 원론성과 미디어 이론의 깊이가 드러나는 부분이다. 제1주제 '메스미디어로서의 출판'은 출판의 미디어적 본질을 규명해주고, 이와 무관한 것 같지만 제2주제 '메스미디어에 의한 정치사회화의 한국적 특성'은 출판미디어를 직접적으로 거론하지는 않았어도 미디어에 의한 정치사회화를 출판미디어와 접목해볼 수 있는 이론을 예시해주는 것이다. 근대 한국잡지사를 통해 잡지의 역할과 책임을 제시하고 있는 제3주제에 이어서 제4주제는 저널리즘과 사회과학 사이의 발전적 관련성을 역사적 예를 통해서 추적하고 있다. 제5주제 '출판기획소고'에서는 문화성과 기업성의 양면성을 가진 출판기획의 가변성에 대한 논의와 함께 기획 유형의 충돌지점들을 부각시켜주고 있다. 여기에서 "인무원려人無遠慮 난성대업難成大業"이라는 평소 저자의 경영철학이 출판의 기획방향을 결론적으로 시사해주는 것이다.

책이 '탄생'되어 독자를 만나기까지의 출판유통을 논의한 6~8주제는 도매회사가 활성화되어 출판물의 순환이 원활한 일본의 출판유통제도에 대한 논의와 함께 한국 도서유통의 현황과 현대화 방안을 제기하였다. 여기에 90년대 한국 출판물 유통사에서 새로운 변화였다고 할 수 있는 성공한(?) 파주 '출판문화정보산업단지'와 실패한 '한국출판유통통신주식회사(BNK)'의 설립배경 그리고 인터넷을 통한 출판유통 상황을 소개하고 있다.

그러나 아직도 후진성을 면치 못하고 있는 한국의 출판유통 구조가 이러한 과거 정책들과 무관하다고 할 수 없을 진데 끝내 이들의 정책 실패에 대한 평가적 고찰이 없는 것은 아쉬운 대목이다. 마지막으로 본서의 9~12주제들은 중요한 저자의 관심분야들로서 각기 대층을 이루는 논의들이다.

먼저 한국 정부의 국내외 홍보활동 실태와 장·단기적인 개선책을 제시한 제9주제는 출판미디어를 직접 논의하지 않았으나 국가 홍보활동의 수단으로서 출판미디어의 활용방안을 후학들이 연구할 수 있는 방안을 예시해 준 것이라고 생각된다. 제10주제 '대각국사문집大覺國師文集 고考'는 고려 불교를 지킨 대각국사 의천義天의 생애와 저술 그리고 사상에 대한 기록들을 밝히고 있다. 왕성했던 고려 불교에도 불구하고 알려진 고승들의 저술이 적기 때문에 이 연구는 서지학적 연구로서의 의미가 크다고 생각된다. 제11주제는 출판인 김동환에 대한 저자의 본격적인 인물연구이다. 파인巴人 김동환은 일제강점기의 시인이고, 출판인이며 잡지인이다. 그는 1929년에 잡지 《삼천리》를 창간하고 단행본 출판을 시작하였으나 당시 시대상황 하에서 민족 출판의 창달에 기여한 출판인이었는지, 아니면 친일 출판인이었는지는 많은 논쟁의 대상이 되고 있다. 저자는 많은 판단자료들과 정황 등을 제시하고 있으나 보다 확실한 평가를 앞으로의 지속적인 연구과제로 돌리고 있다.

마지막 제12주제는 정보사회의 다매체 경쟁상황에서 출판산업이 직면하고 있는 문젯점을 제시하고 대안적 발전방안을 논의한 방대한 분량의 연구이다. 그러나 정책연구답게 문제 제시와 대안방안들의 연계성을 도식적으로 제시하는 구체성과 요약성이 아쉬웠다. 전반적으로 서평자로서 끝내 지적하지 않을 수 없는 것은 간혹 과거완료형이어야 할 논의 사실들이 현재진행형이나 미래형으로 제시되고 있다는 점이다.

결론적으로 본서는 학제적(inter-discipline) 연구가 요구되는 출판학의 특성을 드러나게 해주는 본격적 연구서로서 맛깔나는 연구주제들에 대한 무수한 영감을 갖게 해주고 있다. 범우 선생의 출판학에 대한 열정이 다음에는 학계의 후학들에게 어떠한 울림으로 다가올지 벌써부터 기대된다.

윤형두, 《한국 출판미디어의 제문제》를 읽고(2008).

한글을 사랑하는 이의 열정을 느낄 수 있어

김두식

(혜전대학 출판미디어과 교수)

몇 년 전, 우연한 기회에 한글의 형태와 역사적 변화과정에 대해 학생들과 함께 대화를 나눌 기회가 있었다. 이야기 중에 "《훈민정음》은 '언해본'과 '해례본'이 있고 이들은 각각 몇 종류의 것들이 전하고 있다"고 설명하자 학생들이 매우 당황해 하였던 기억이 있다. 그들은 '언해본'과 '해례본'에 대한 이해는 고사하고 세종대왕께서 한글을 반포하기 위해 간행한 문헌이 오직 '나랏말썃미 듕귁에 달아……'로 시작되는 단 한 권의 《훈민정음》으로 알고 있었던 것이다.

당연한 일이다. 누구를 탓하기 전에 학생들은 배운 만큼 알고 있는 죄밖에 없다. 그들은 국보 제70호로 지정되었고, 1997년에는 세계기록유산으로 등록될 정도의, 그야말로 우리 민족의 자랑거리이며 세계적으로 최고의 가치를 인정받고 있는 《훈민정음》 해례본에 대해서는 아는 바가 없는 것이다. 아니, 이전 어느 때인가 배웠겠지만 까맣게 잊어버리고 있는 것이라 위안을 삼아보려고 한다.

어쨌든 지금까지 모든 한국인들이 한글을 사용하고 있지만 의외로 한글에 대해 아는 바가 많지 않음을 인정하지 않을 수 없다. 이는 전적으로 우리 교육의 문제라고 치부할 수도 있겠으나 한편으로는 한글에 대한 생성과 변천의 역사에 대해 일반인들이 쉽게 접근할 수 있는 책이 흔치 않았다는 점도 되새겨 보아야 할 일이다.

이러한 상황에서 《옛 책의 한글판본》이 세상에 얼굴을 내보였다는 것은 때늦은 감이 있지만 진정으로 다행스러운 일이 아닐 수 없다. 더구나 인생을 책과 함께 해온 한 출판인이 한글에 대한 애착고고 소명의식을 바탕을 출간되었다는 데 더 큰 의의가 있다.

이 책은 《훈민정음》에서부터 18~20세기 문헌인 《경신록언석》까지 한글이 나타나 있는 주옥같은 옛 문헌 36종을 선별하여 그 각각의 본문 사진과 함께 관련 해설을 흥미롭게 붙이고 있어 누구나 쉽게 다가갈 수 있다는 점에서 돋보이는 책이다.

특히 이 책 본문 첫 내용으로 '훈민정음'을 다루면서 그동안 단 한 종의 훈민정음만을 알고 있었던 독자들에게 그 외의 훈민정음도 있음을 명쾌하게 깨우쳐주고 있다. 물론 이에 대해서는 서지학이나 국어학 등 관련 학문 분야에서 이미 널리 알려진 것이지만 지금까지 이것들이 학문이라는 창고 안에서 폐쇄적으로 다루어져 왔었다면 《옛책의 한글판본》에서는 그 문을 활짝 열고 모든 이들에게 속내를 훤히 보여주고 있는 점에서 주목할 만하다. 이는 이 책이 학문이라는 테두리를 벗어나 누구나 접근하기 쉽게 시각적으로 쓰여 있기 때문이다.

또한 이 책에서 보여주는 문헌 본문 사진들은 단순히 문헌 소개의 보조자료 차원에서 한 걸음 더 나아가 그 책 속에 나타난 한글의 모습을 명확하게 보여주고 있어 한글 창제 초기부터 근대에 이르기까지 어떻게 한글 자형이 변천해왔는지 그리고 각 문헌에 나타난 한글의 모습이 어떠했는지 시각적으로 보여주는 좋은 자료집의 역할을 할 것으로 기대된다.

한 예로, 1446년에 반포된 《훈민정음》에서 하늘을 의미했던 점 '·'의 형태가 1445년 간행된 《용비어천가》와 1447년에 간행된 《월인석보》에서는 막대형 획으로 변형되어 표시된 것을 이 책의 사진에서 확인할 수 있다. 이러한 점은 창제 당시의 점 '·'은 한글 자형의 원본의 의미일 뿐 실제 사용에 있어서는 막대형 획의 사용을 허용하고 있음을 보여주는 것으로써 한글 자형 변화에 매우 중요한 면을 확인시켜주는 예라고 할 것이다.

또 하나, 이 책의 사진을 통해 확인할 수 있는 것은, 창제 당시의 한글은 지금의 고딕체와 같이 획의 시작과 끝 부분이 각진 형태를 보이고 있었으나 1481년에 간행된 《두시언해》에서는 지금의 명조체와 같이 붓의 흔적이 나타나고 있다는 점이다. 이때 사용한 활자가 1455년에 강희안이 필사하여 제작된 을해자乙亥字 동활자銅活字이며, 이를 통해 한글의 형태가 점차 한자 해서체楷書體를 닮아가고 있다는 것을 확인할 수 있다.

1496년경에 간행된 것으로 추측되는 《육조법보단경언해》에서는 목활자를 사용하여 역시 지금의 명조체와 유사한 글자를 보이고 있으며, 그 형태가 단아하고 무게가 있어 을해자 이후 만들어진 한글 자형의 걸작임을 이 책의 사진을 통해 확인할 수 있다.

16세기 이후부터 각종 문헌에는 변화무쌍한 한글의 형태를 이 책에 나타난 사진을 통해 확인할 수 있다. 이는 한글 자형의 새로운 면을 발견하려는 선조들의 다양한 실험정신을 엿볼 수 있는 점이다.

예를 들어, 붓의 움직임이 강조된 《도산십이곡》 한글 자형에서는 퇴계 선생의 철학이 담긴 단아한 향기를 음미할 수 있으며, 《성관자재구수육자선정언해》에서는 구수하고 질박한 한글의 모습을 엿볼 수 있다. 뿐만 아니라 《삼경사서석의》는 날카롭게 정교한 획의 모습을 통해 유학의 경전을 예리하게 분석하고 있는 문헌의 특징을 그대로 표현하고 있어 자형과 내용이 절묘하게 어우러진 작품으로 평가될 수 있겠다.

이후 19세기에 와서 간행된 문헌에서는 완숙한 한글 자형의 미를 확인할 수 있다. 《오륜행실도》에 나타난 한글은 탱탱한 젊음이 가득한 여인의 고운 얼굴과 같이 어디 한군데라도 눈을 떼고 싶지 않은 그런 모습으로 독자를 대하고 있어 독서 삼매경이 절로 이루어질 것 같은 그러한 느낌이다. 금속활자인 정리자整理字로 쇄출된 이 문헌은 그 내용만큼이나 한글의 모습에서도 흐트러짐이 없다.

이에 반하여 《경신록언석》에 나타난 한글 자형은 여유가 풍기는 완성된 한글 궁서체의 진수를 보여주고 있다. 당겨지지 않은 활과 같이 조금은 휘어 있으나 단정함을 잃지 않은 획의 모습에서 권선징악勸善懲惡과 인과응보因果應報의 교훈을 차분히 음미할 수 있게 하고 있다. 또한 《태상감응편도설언해》에서는 독특하게도 한글 정체正體와 흘림체가 함께 나타나고 있다. 이 문헌에 나타난 한글은 독자를 압도하며 독서에 심취하도록 이끄는 힘과 카리스마가 돋보인다.

이렇게 《옛책의 한글판본》은 그동안 역사 속에 묻혀 있던 우리 한글이 어떠한 모습이었는지 확인할 수 있는, 그리고 그 모습들이 그렇게 아름답게 빛바래지 않고 다시 우리 곁으로 다가설 수 있음을 확인시켜주는 책이다. 뿐만 아니라 책에 소개되는 대부분의 자료들이 필자인 윤형두 선생의 소장본이라는 점에서 한글을 사랑하는 이의 열정을 느낄 수 있는 책이기도 하다. 이 책을 통해 독자들이 한글의 아름다운 자태를 새롭게 인식하는 계기가 되기를 바란다.

윤형두, 《옛책의 한글판본》을 읽고(2003. 10).

범우 윤형두 문집 · 별책 VI

책의 길, 영광의 길

초판 1쇄 발행 2021년 9월 15일

지은이 정정호 외 85인
펴낸이 윤형두
펴낸곳 범우사

등록번호 제406-2003-000048호 (1966년 8월 3일)
10881 경기도 파주시 광인사길 9-13 (문발동)
대표전화 031) 955-6900~4, 팩스 031) 955-6905
홈페이지 bumwoosa.co.kr
이메일 bumwoosa1966@naver.com

ISBN 978-89-08-12469-1 04810

* 잘못된 책은 바꿔드립니다.